CUPIDON
DeuxPointZéro

Illustrations de Jessica Ohana

Alexandra Raillan

CUPIDON DeuxPointZéro

Trouver son homme (ou pas...) sur le Net

MARABOUT

Don't be a woman who needs a man. Be a woman a man needs.

« Tous les hommes sont menteurs, inconstants, faux, bavards,
hypocrites, orgueilleux et lâches, méprisables et sensuels ;
toutes les femmes sont perfides, artificieuses, vaniteuses,
curieuses et dépravées (...) ;
mais il y a au monde une chose sainte et sublime,
c'est l'union de ces êtres si imparfaits et si affreux. »

On ne badine pas avec l'amour, Alfred de Musset, 1834.

SOMMAIRE

AVANT-PROPOS

1 + 1 = 2

Une addition simplissime qui se transforme pourtant en vrai casse-tête chinois passé la trentaine. Les copains sont mariés. Pas encore divorcés. Les occasions de faire la fête se raréfient, les jeunes parents n'ayant plus trop le temps pour ça. Quant aux collègues de boulot, merci... mais non merci !

1 + 1 = 2.

Une addition simplissime qui se transforme cette fois en énigme insoluble passé la quarantaine. Les copains divorcés sont soit en miettes, soit en mode coureurs de jupons (faut bien rattraper le temps perdu avec Bobonne). Les occasions de faire la fête se comptent sur les doigts d'une main, à tel point qu'on envisage de répondre aux avances des collègues de boulot. Et pour peu qu'on y succombe, on comprend vite qu'on avait raison : un mec du boulot ? Merci... mais non merci !

La question qu'on se pose alors toutes, c'est comment rencontrer son homme ?

- Dans le cercle de mes amis ? Fait.
- Dans le cercle d'amis de mes amis ? Fait.
- Dans le cercle ultra-agrandi d'amis d'amis d'amis de mes amis ? Fait.

Force est de constater qu'il reste très peu de pistes.

- Écumer les bars ? Le risque de devenir alcoolodépendante est fort. Et la probabilité de ramener autre chose que de la viande saoule est quasi nulle.
- S'inscrire dans une agence matrimoniale ? Totalement ring', au secours !
- S'inscrire à des speed dating ? Pourquoi pas, mais totalement années 1990.
- Compter sur les mariages des copines pour y faire des rencontres ? Les occasions sont un peu trop rares, et la cérémonie qui n'en finit pas donne l'envie d'explorer tous les recoins pour s'encanailler avec le premier venu plutôt que de se caser avec le garçon d'honneur (trop jeune ou avec la bague au doigt).
- S'inscrire sur un site de rencontres ? Voilà une idée comme elle est bonne ! Tout le monde parle du couple Adopte Un Mec, du mariage Attractive World ou des bébés Meetic. L'amour 2.0, c'est encore plus simple que dans les émissions « L'Amour est dans le pré », « Bachelor, le gentleman célibataire » ou « Séduis-moi... Si tu peux ! »

LES SITES, SIMPLES COMME 1 + 1 = 2 ?

Sur l'écran, tout a l'air simple en effet. Le principe des sites ? Faciliter la rencontre entre deux personnes de sexe opposé, célibataires de leur état, pour leur permettre de réaliser leurs désirs les plus profonds.

Tiens donc... la promesse est pour le moins alléchante !

Pourtant, cette phrase cache énormément de sous-entendus. Décodage.

« Faciliter la rencontre entre deux personnes de sexe opposé, célibataires de leur état, pour leur permettre de réaliser leurs désirs les plus profonds. »

Faciliter : multiplie, de fait, les possibilités de rencontrer un tas d'hommes experts en « ard » (tocard, ringard, queutard, gros connard...).

Le piège : trop de choix n'aide pas à faire le (bon) choix. Imaginez-vous affamée, face à un buffet du Club Med. Difficile de rester raisonnable et de vous contenter d'un poisson grillé avec ses légumes vapeur, alors qu'un tas de plats plus appétissants les uns que les autres vous font tourner la tête. C'est tout juste si vous ne les entendez pas vous susurrer : « Goûte-moi, goûte-moi, je suis si délicieux. Tu es en vacances, non ? Alors profite ! »

Les sites et les applis, c'est un peu les buffets de la rencontre : il y a de tout. Du bon, du moins bon, du très équilibré, du très gras, du trop sucré et heureusement pour nous, du parfaitement healthy !

Moralité : il ne faut pas arriver trop affamée devant le buffet, sinon on se jette sur le premier mets venu et on le regrette presque toujours.

Rencontre : nom féminin qui évoque une relation qui peut durer d'une nuit... à toute une vie.

Deux personnes : vraiment ? Deux seulement ? Vu le nombre de couples inscrits qui recherchent « une petite chatte pour s'amuser », on a comme qui dirait des doutes.

Célibataire : personne qui vit dans le célibat, autrement dit, pas en couple.

Le piège : autant savoir tout de suite que les mecs, dès lors qu'ils ne sont pas accompagnés de leur moitié habituelle, se définissent de fait comme « célibataire ». Ils ont parfois l'amabilité (mais pas toujours) de préciser « célibataire dans ma tête ».

Leurs désirs les plus profonds : là, je dois dire que la fin de la phrase est ambiguë, « désirs » pouvant correspondre à l'envie soudaine et irrépressible de culbuter sa/son partenaire d'une nuit sur la table du resto, comme à l'envie impérieuse de s'accoupler pour toujours avec sa/son partenaire d'une vie.

POURQUOI CE LIVRE ?

La grande question est pourquoi s'inscrire, et d'ailleurs, pour la vie ou pour une nuit ? Même si je caricature un peu les choses, la profonde incompréhension, le vrai gap entre les habitants de Mars et les habitantes de Venus vient de là.

Trouver un mec pour s'amuser et grimper au rideau, dans la vie comme sur le Net, c'est facile. Mais trouver un mec, un vrai, avec qui faire un bout de chemin ensemble, déjà, dans la vie c'est compliqué, mais sur les sites, c'est encore plus compliqué. Enfin... ça, c'était avant l'arrivée de *Cupidon 2.0* !

Ce livre va en effet vous expliquer pourquoi vous inscrire et comment passer, tambour battant, les étapes sans vous perdre. Il va vous aider à déjouer tous les pièges, à lire ce qui se cache derrière les mots, à repérer les mauvais profils pour enfin trouver un mec, mais pas n'importe lequel. Car trouver un mec pour une nuit, on vient de le dire, c'est facile. Pas besoin de guide pour ça. Là, promis, on va vous aider à trouver le bon mec qui vous correspond, et qui papillonne lui aussi sur les sites. Car oui, aujourd'hui tout célibataire cherchant à se recaser est inscrit sur les sites.

Vous en avez fait l'expérience : les occasions de rencontrer de nouvelles personnes sont rares. Or on s'ennuie parfois. On est lassée de voir toujours les mêmes têtes. On peut aussi être fraîchement séparée. On a envie de se changer les idées, d'avoir des trucs de fou à raconter à ses copines. Car oui, on est célibataire. Eh oui, on l'avoue, on aimerait bien trouver un mec. Et puis une femme seule, célibataire, divorcée ou pas encore mariée, ne « rassure » pas les copines en couple. On est, au choix, la femme épouvantail, le modèle à ne pas suivre, ou la femme Circé, une sorcière enchanteresse capable d'user de philtres de toutes sortes pour arriver à ses fins : piquer le mari des copines.

L'INFO QUI FAIT DU BIEN

Déjà, une info pour vous sentir plus à l'aise et franchir le cap : « Plus de 1 Français sur 5 a déjà consulté un site ou utilisé une application de rencontres. »

Sondage BVA/*Parisien Magazine*, février 2016.

Donc, en réalité, ça se passe naturellement : un jour, à force d'enchaîner les râteaux ou les histoires sans lendemain, à force d'entendre les mêmes histoires « Je connais quelqu'un qui a rencontré son mec sur Internet et ils filent le parfait amour depuis un an », à force d'arriver (et de repartir) seule aux soirées et de ne voir autour de soi que des couples, on pense simplement : « Pourquoi pas moi, finalement ? »

C'est là que le déclic se produit. S'inscrire devient primordial, une question de survie dans la foule sentimentale, et c'est souvent le cœur en bandoulière que les donzelles partent à la recherche de leur chevalier servant – qui, le plus souvent, eux, ont leur b… à la main ou à la place du cerveau.

Car pour mettre toutes les chances de votre côté, autant vous avertir tout de suite, il va falloir vous donner à 200 %. Éviter les pièges en tous genres nécessite une disponibilité totale. Si tout le monde traîne des casseroles derrière soi, les sites et applis de rencontres ne sont pas là pour faire le grand ménage dans votre vie. C'est simple : si vous arrivez sur les réseaux avec de bonnes vibrations, vous allez attirer de bonnes personnes. L'inverse est malheureusement tout aussi vrai. De l'autre côté de l'écran, les hommes sentiront que vous n'êtes pas complètement disponible, parce que vous n'avez pas réglé votre précédente histoire par exemple. Et rien ne fait plus fuir un mec, surtout au début d'une histoire, que l'idée d'un ex, qui, un soir d'énervement, débarque chez vous, découvre qu'il a été remplacé et crève dans un accès de vengeance les pneus du nouveau dans votre vie (les pneus de sa voiture si vous suivez).

Il faut donc impérativement être claire dans sa tête et dans sa vie avant de se lancer dans l'aventure pour essayer de trouver son nouvel amour en quelques clics.

On l'a dit et redit, lever un mec pour une nuit, dans la vie ou sur les sites, c'est facile. Mais rencontrer quelqu'un de sérieux et de bien avec qui ça matche vraiment relève du défi. Surtout quand on arrive sur le marché de la deuxième (ou troisième) vie

amoureuse, avec tout notre passif, nos histoires de cœur et notre caractère de plus en plus trempé... Autant regarder les choses en face : c'est compliqué de re-re-refaire sa vie.

La principale difficulté ? Savoir se frayer un chemin entre les mecs à fuir, dans la vie comme sur les sites. Ces hommes experts en « ard » (queutard, tocard, salopard et autres gros bâtards...) semblent plus nombreux sur les sites, mais c'est tout simplement parce qu'Internet est devenu une gigantesque agence matrimoniale disponible depuis son ordinateur ou son téléphone.

Ce réseau géant rend le champ des possibles infini ! Les contacts sont faciles, les échanges rapides, les rencontres fluides. À la clé, un tas de nouvelles expériences à vivre : des expériences plus ou moins enrichissantes, mais toujours bonnes à vivre ! Ce nouveau territoire n'est pas plus à idéaliser qu'à diaboliser. Il fait désormais partie de notre quotidien, alors autant s'en servir pour rencontrer quelqu'un !

Et puis, depuis combien de temps n'avez-vous pas eu une « date » ? Depuis combien de temps ne vous êtes-vous pas faite belle pour un tête-à-tête ? Depuis combien de temps n'avez-vous pas eu des petits papillons dans le ventre en recevant un SMS ou un appel ?

Allez, hop, hop, hop ! Il est grand temps de vous remettre sur le marché de la séduction, du plaisir, de la rencontre et de l'amour ! Car une chose est sûre : ce n'est pas en restant cloîtrée chez vous, avachie sur votre canapé, que l'homme de votre vie va pointer le bout de son nez !

Un homme, une femme... chabadabada...

Alors, prête pour tenter l'aventure ? C'est parti !

JE M'INSCRIS... JUSTE POUR VOIR

UNE ÉTAPE-CLÉ

Qui n'a pas dit un jour : « Les sites ? Ah non, merci, ce n'est pas pour moi. »

Et si vous vous lanciez un petit défi : pourquoi pas vous, après tout ? Souvent, le cheminement intellectuel pour s'inscrire sur un site ou une appli de rencontres prend beaucoup de temps. On hésite, on réfléchit, on a peur, on se pose des milliards de questions. C'est tout à fait normal. Rencontrer quelqu'un par ce biais, même si c'est aujourd'hui de plus en plus fréquent, n'est pas encore bien entré dans les mœurs. Cela ne fait pas encore partie de notre schéma classique de pensées amoureuses. On a donc un peu de mal à accepter de devoir passer par là pour rencontrer l'amour.

POURQUOI S'INSCRIRE, APRÈS TOUT ?

C'est vrai, si on pense aux « pour » et aux « contre », notre cœur balance. Certes, on a entendu parler de couples qui se sont rencontrés comme ça, mais on a entendu encore plus d'histoires hallucinantes, avec de drôles d'oiseaux rares rencontrés par des copines.

Les pour

- Ça fait oublier pour un temps son sentiment de solitude.
- Ça permet de rencontrer des gens d'univers différents, qu'on n'aurait jamais croisés dans la vraie vie.
- Ça occupe quand on n'a rien à faire.
- Ça remplit l'agenda.
- Ça valorise, toutes ces marques d'intérêt.

Les contre

- Ça peut être addictif.
- Ça comble un vide dans la vie. Il faut peut-être en chercher l'origine ailleurs.
- C'est chronophage.
- Curieusement, ça creuse la solitude.
- C'est assez violent, car au moindre point de blocage, on est zappé.

SCORE : un point partout, balle au centre.

Pourquoi on hésite autant ?

- Parce que trouver le bon site, celui qui nous convient pleinement, et faire son étude de marché est assez pénible. Heureusement, ce livre va vous aider à y voir plus clair.
- Parce qu'on est loin de la rencontre rêvée avec un grand R : un inconnu vous accoste dans la rue pour vous demander l'heure. Coup de foudre et tout le tralala.
- Parce qu'on a été bercée toute notre enfance par la chanson « Un jour, mon Prince viendra ». Finalement, on l'attend toujours le fameux Prince. Hé, les filles, réveillez-vous ! Les Princes charmants n'existent qu'au rayon biscuits !
- Parce qu'on ne va pas se mentir : chercher un mec sur un site, c'est un peu comme chercher une aiguille dans une botte de foin. Cela demande du temps, de la persévérance, et surtout, de la méthode. Dans les contes, bien souvent, il fallait embrasser 1 000 crapauds avant de trouver le Prince. Aujourd'hui, il faut matcher (être en contact) avec 1 000 personnes avant de rencontrer son chéri... Les temps changent !

- Parce qu'on pense qu'il n'y a que des hommes mariés.
- Parce qu'on a peur d'être reconnue !
- Parce que ce monde fascine, mais fait un peu peur aussi.
- « Parce que c'est que pour des histoires de fesses, tout ça ! »

Alors, en vrai, on trouve quoi sur les sites ?

Tout ! Du coureur de jupons (marié ou pas) au mec bien sous tous rapports en passant par le mytho de service, comme à La Samaritaine, on trouve de tout dans ce grand magasin de rencontre. Et ça, c'est génial !

La plupart des sites étant gratuits pour les filles, vous pouvez toujours y aller, juste pour voir. En plus, on en apprend beaucoup sur soi en répondant au questionnaire, en rédigeant son descriptif et en répondant aux messages !

L'INFO QUI FAIT DU BIEN

Les rencontres amoureuses sur Internet arrivent en 5e position après celles faites sur le lieu de travail, les soirées entre amis, les lieux privés et les lieux publics. Si, entre 26 et 30 ans, les hommes sont plus nombreux à s'inscrire sur les sites de rencontres, la tendance s'équilibre à 46 ans et même s'inverse à partir de 56 ans.

Source : « Sites de rencontres : qui les utilise en France ? » in *Pop. & Soc.*, févr. 2016.

ELLES EN PARLENT

« C'est une amie qui y était, j'ai voulu faire comme elle ! » *(Gisselle, 30 ans)*

« Au départ, c'était pour rigoler, et je me suis prise au jeu. » *(Sophie, 42 ans)*

« J'en avais marre d'enchaîner des rencontres d'un soir, j'avais envie d'avoir une vraie histoire. » *(Marie, 39 ans)*

« Tout simplement pour m'amuser, et puis j'ai rencontré mon homme. » *(Kristie, 27 ans)*

« Je me sentais seule, je voulais mettre du piment dans ma vie et sortir du boulot-métro-dodo. » *(Mireille, 53 ans)*

« Je souffrais du sentiment de solitude, surtout les week-ends, quand je n'avais pas mes enfants. » *(Séverine, 49 ans)*

« Une femme seule… Les amis en couple évitent de l'inviter, elle fait un peu peur ! » *(Anne, 52 ans)*

QUAND S'INSCRIRE ? Y A-T-IL UN MOMENT IDÉAL ?

À la rentrée ? En janvier ? Juste après une rupture ? Plusieurs mois après ?

Sans hésiter, la bonne réponse est : quand vous êtes prête !

Prête à passer plusieurs heures à choisir le bon site, à correctement vous inscrire, à lire des centaines de fiches de candidats… mais pas que. Vous devez surtout être prête à faire

LES SECRETS LES MIEUX GARDÉS DES MECS

« Une fille qui a encore son ex à l'esprit, ça se sent, et ça ne donne pas forcément envie d'aller plus loin. Plus on avance dans la vie, plus on traîne des dossiers, alors moi, une fille qui n'est pas au clair dans sa tête... j'y vais pas pour du sérieux en tout cas. » *Laurent, 43 ans*

entrer de nouvelles personnes dans votre vie. Prête à faire de nouvelles rencontres. Prête à sauter le pas. Prête à aimer de nouveau.

Vous devez donc avoir au préalable fait un peu de ménage en vous. C'est-à-dire « cleané » au Karsher votre vie d'avant, avoir réglé les problèmes avec votre ex pour être disponible, tête et corps, pour une nouvelle aventure et qui sait, ouvrir un nouveau chapitre de votre vie. Soyons clairs : ces nouveaux lieux de rencontres ne sont pas des lieux pour se venger de votre ex et encore moins le lieu pour faire payer aux inscrits les petits et grands malheurs que vous avez subis dans votre vie d'avant. Ça tombe sous le sens, mais si vous claironnez non-stop « Tous des salauds ! », vous allez avoir du mal à attirer des garçons smarts, ils vont juste vous prendre pour une illuminée.

Moralité : pour penser à l'avenir, il faut faire table rase du passé.

ILS EN PARLENT

« À la suite de mon divorce, je me suis précipité sur les sites. Tout était chamboulé dans ma tête, mes repères avaient sauté. J'avais besoin de cette étape pour remplir un grand vide. Mais je n'ai pas du tout assuré. C'était beaucoup trop tôt. Je n'avais pas digéré ma séparation. Du coup, j'avais juste envie de me changer les idées. J'allais jusqu'au flirt. Après, quand ça pouvait devenir un peu plus sérieux, je stoppais tout. J'ai alors fait une pause pour me reconstruire et faire le deuil de ma précédente relation. Une fois débarrassé du fantôme de mon ex, je suis retourné sur le site et j'ai pu faire une belle rencontre. Nous avons vécu une histoire d'une année. » ***Pascal, 49 ans.***

ELLES EN PARLENT

« Quand je vais sur un site entre deux histoires, je me rends compte que je suis pleine de rancœur et de tristesse, car je n'ai pas digéré mon énième rupture. Du coup, mes messages sont agressifs si je ne fais pas attention. Par exemple, si on me demande ce que je fais dans la vie, je réponds : « Pourquoi, ça change quelque chose ? » Ce n'est pas terrible comme réponse, car en face, le mec rame pour établir une discussion. » ***Axelle, 41 ans.***

Si vous sortez d'une rupture

Vous venez de vous faire larguer ? Avant de vous jeter à corps perdu sur les fiches de Meetic and Co, assurez-vous de certains points :

- Avez-vous pu exprimer vos sentiments (par écrit dans un journal ou à l'oral auprès d'une oreille bienveillante) ? En parlant, on évacue ses émotions et on se calme.
- Avez-vous clarifié la situation actuelle : est-ce bien acté que c'est fini ou attendez-vous secrètement encore de ses nouvelles ?
- Avez-vous clairement cerné vos attentes, de la vie en général et de l'amour en particulier ?

Une fois le ménage effectué (plus ou moins long selon les cas), que votre esprit ne sera plus pollué par votre vie d'avant, vous pourrez vous inscrire sereinement sur un site de rencontres ou télécharger une appli de dating.

L'INFO QUI FAIT DU BIEN

Chez les personnes séparées ou divorcées, 10 % des unions suivantes se font via les sites.

Source : « Sites de rencontres : qui les utilise en France ? » in *Pop. & Soc.*, févr. 2016.

Les meilleures périodes

Inscrivez-vous plutôt à la rentrée de septembre, armée de bonnes résolutions.

Vous aurez peut-être profité de l'été pour prendre des verres en terrasse avec des copines, pour draguer et vous faire draguer en toute décontraction. Mais préférez attendre septembre pour vous inscrire : périodes de vacances scolaires obligent, l'été, ces « lieux » de rencontres regorgent d'hommes mariés en quête d'histoire sans lendemain pendant que Madame est à La Baule avec les enfants.

Autre période de prédilection : le début d'année. Côté rencontres imprévues, en janvier ou en février, c'est un peu le creux de la vague. Que ce soit pour un verre en terrasse (même chauffée), un mariage, une soirée de dernière minute, en plein hiver, les occasions de se retrouver hors de chez soi se font plus rares : c'est le moment de profiter des longues soirées d'hiver sous la couette (ou près de la cheminée) pour tchater avec des inconnus.

PARLEZ-VOUS RENCONTRE 2.0. ?

Justement, retrouvez en fin d'ouvrage un glossaire pour maîtriser la love et drague attitude.

QUEL SITE CHOISIR ?

Vous avez décidé de vous inscrire, bravo ! Vous croyez que le plus dur est fait ? Que nenni ! La vraie question qui se pose maintenant, c'est savoir sur quel site s'inscrire. Et là, bonjour l'angoisse : si vous tapez « site de rencontres » sur un moteur de recherche, vous allez tomber sur une liste interminable de propositions.

Comment vous y retrouver dans les options : payant ou entièrement gratuit ? Géolocalisation ou pas ? Se fier aux sites qui ont pignon sur rue ou laisser leur chance à des sites moins connus ? Prendre la version appli ou appli et site ? Créer un vrai profil via Facebook ou avancer sous pseudo ? Dire vraiment ce qu'on cherche ou rester vague ? Au secours !

Pour vous aider à y voir plus clair, vous trouverez dans les pages suivantes un méga récap' des sites de rencontres (actualisé la veille de l'impression !). Car il ne faut pas se jeter sur le premier, mais plutôt sur celui qui est le plus adapté à vos besoins.

Une chose est sûre : aujourd'hui le numérique de la rencontre est en pleine explosion. Utiliser une appli ou un site de mise en relation est le meilleur moyen de rencontrer des gens : ces sites et applis agissent comme des accélérateurs de rencontres. Grâce à eux, vous pourrez connaître une multitude de personnes en un temps record. Ils sont parfaits entre deux histoires amoureuses ou à la fin d'une longue traversée du désert (affectif, sexuel, amoureux… ou les trois !). De vrais moyens de vous remettre en selle, et, sans jeu de mots, une nouvelle façon d'ouvrir l'horizon des possibles.

un site Internet · une appli · des événements

	C'EST QUOI?	ÇA MARCHE COMMENT? LE PLUS?
2seniors ***Seul(e) ? Moi jamais !***	un site Internet	Tous les profils sont vérifiés avant mise en ligne donc pas de mauvaises surprises.
Ashley Madison ***Tchatter c'est tromper ?!***	un site Internet, une appli	On peut modifier ses photos pour les flouter ou les améliorer.
Adopte Un Mec ***Les femmes au pouvoir ! Elles poussent le caddie, mais pour la bonne cause.***	un site Internet, une appli	Ça change ! Les hommes proposent leur profil en envoyant un charme*, les femmes disposent… Mais pas que ! Munies de leur liste de course (beau, grand, riche et bientôt célèbre), les candidates partent en shopping en fouillant dans les rayons du site.
Attractive World ***Pour célibataires exigeants. Sélectif…***	un site Internet, une appli, des événements	Chaque profil est soumis à une validation, de la part des autres membres ou par l'équipe modération. Une «sélection» à l'entrée qui justifie le slogan «pour célibataire exigeant». Si le profil est jugé insuffisant, l'inscription est refusée. Une façon d'éviter les «faux profils». Une fois inscrits, les nouveaux membres répondent à un questionnaire… avant de se voir proposer des profils adéquats.
Badoo ***Rester connecté et ne pas se sentir seul n'importe où dans le monde.***	un site Internet, une appli	Le système de recherche poussé par mots-clés est top. À condition de prendre le temps de bien détailler ses attentes et ses profils. C'est le site gagnant-gagnant : plus l'utilisateur fournit de mots-clés, plus il se voit proposer des membres qui lui ressemblent. Comme l'ambiance y est cool, voire amicale, le site ressemble presque plus à un réseau social (international en plus) qu'à un site de rencontres.

C'EST POUR MOI OU PAS ? J'Y VAIS OU PAS ?	ÇA VA ME COÛTER COMBIEN ?
Oui, si vous avez plus de 50 ans et envie d'élargir votre cercle d'amis… et plus si affinités.	RIEN car l'inscription est gratuite pour tout le monde.
Oui… si vous cherchez une relation extra-conjugale pour pimenter votre quotidien. Oui… si vous êtes célibataire à la recherche d'une aventure sans lendemain amoureux. Oui… si vous êtes fan de cyber-érotisme.	Inscription et utilisation gratuites, ça, c'est bien. En revanche, poids et taille sont des cases obligatoires à remplir pour s'inscrire. Et si on est au régime, on fait comment ?
Oui, si vous aimez jouer au chat et à la souris ! Oui, si vous êtes une femme joueuse, plutôt jeune, plutôt citadine, à la recherche d'une histoire pas forcément sérieuse. Oui, si vous êtes un homme qui a envie d'être mis dans le chariot de la rencontre. Oui, si vous aimez discuter «entre filles» ou «entre mecs» sur les forums pour trouver des conseils dans l'art de la rencontre et de la séduction.	Inscription gratuite pour tous, ensuite seules les femmes bénéficient de la gratuité. Les hommes doivent casquer pour se faire adopter (à partir de 29,90 €). Le questionnaire peut s'avérer très complet, mais les informations de départ peuvent être directement transférées depuis Facebook.
Oui… si vous êtes patiente. Il faut attendre quelques jours avant la validation de son profil. Oui… si vous êtes pressée et exigeante, Attractive World effectue un tri pour vous… Et rien que pour ça, on dit «merci».	Inscription gratuite… mais très rapidement besoin d'un abonnement pour accéder aux fonctionnalités du site. À partir de 59,90 € par mois, puis les tarifs régressifs.
Oui… si vous êtes trentenaire et/ou baroudeuse. L'appli cartonne presque partout dans le monde.	L'inscription est gratuite. L'utilisation de base (rechercher et contacter les membres, lire les messages, voir la plupart des photos des membres) aussi. Ensuite c'est l'option payante via un abonnement hebdomadaire ou mensuel. C'est malin aussi : on peut payer par SMS pour éviter d'avoir à s'engager au long terme.

	C'EST QUOI ?	ÇA MARCHE COMMENT ? LE PLUS ?
Celib ***Un service de « proximité ».***		Avant toute chose, il faut choisir la bonne section pour trouver l'âme sœur dans sa région (Est, Nord, Ouest, Lyon, Paris, Rhône-Alpes, Sud, Sud-Ouest). Plus on se connecte, plus on a de chance que notre profil se démarque. Dommage, il y a beaucoup de profils sans photo.
Cougar-Avenue ***Cougar pour une nuit, pas pour la vie.***		Après une inscription réalisée en mode commando, vous pourrez profiter des options messagerie et webcam, facilitant les rencontres rapides et directes. Mettez-vous sur votre 31… ou en déshabillé coquin.
Destidyll ***Pour ceux qui croient au destin connecté.***		Ce site fonctionne «matchmaking» (mise en relation par affinités) pour proposer des profils vraiment ciblés à ses membres (mode de vie, envies pour l'avenir, vision de l'amour, importance de la proximité géographique…). Prenez bien le temps de remplir le test de personnalité lors de l'inscription. Sinon tout va être biaisé ! Le plus : un résumé du test vous est envoyé.
Diwi ***L'accélérateur de rencontres fun.***		«Si tu diwi, on ira manger une crêpe», «si tu diwi, on se promènera sur les quais de Seine»… C'est le principe, les inscrits proposent des idées de sorties qui peuvent donner lieu à des rendez-vous galants originaux «si tu diwi» bien sûr ! Il suffit de cliquer sur le petit cœur pour être mis en relation avec la personne qui propose l'activité et pouvoir discuter. Le plus : chacun peut proposer des idées de rendez-vous et choisir ou non de rencontrer les personnes qui ont cliqué sur «notre» petit cœur. À noter : les inscrits sont jeunes (moins de 40 ans) et les informations données sont assez succinctes (âge, lieu de résidence)… donc place à la surprise !

C'EST POUR MOI OU PAS ? J'Y VAIS OU PAS ?	ÇA VA ME COÛTER COMBIEN ?
Oui… si vous voulez faire un peu le point sur vous, vos envies et vos attentes. Le questionnaire de présentation étant très complet (et donc très long à remplir), les choses sont clairement établies dès le départ. Oui… si vous aimez recevoir des messages, flashs et autres demandes de tchat, car c'est un site très actif. Oui… si l'âge vous importe peu. Comme on ne peut pas «cibler» sa recherche par âge, on peut recevoir des messages de profils très jeunes ou… à l'inverse très âgés.	Plus c'est long, plus c'est bon ? Le questionnaire à remplir peut en effet paraître extrêmement détaillé mais il a l'avantage d'être complet (âge, formation, profession, projet de vie, caractère, activités, films vus, livres lus…). Il y a aussi la possibilité de remplir un «celibquizz» pour déterminer le taux de compatibilité avec les autres membres. Inscription gratuite mais ensuite pour accéder à toutes les fonctions du site, il faut passer par la case abonnement (de 1 à 6 mois, de 29,90 € à 77,94 €).
Oui… si vous avez plus de 40 ans. Oui… si l'idée d'être une cougar vous plaît. Oui… si clairement vous recherchez la compagnie de jeunes hommes le temps d'une nuit et réciproquement.	L'inscription et l'abonnement sont gratuits pour les femmes (heureusement vu le nom du site !). Les hommes devront verser 29,99 € par mois.
Oui… si vous recherchez d'emblée une relation sérieuse. Le site ne propose que des profils compatibles.	L'inscription est gratuite et l'abonnement à partir de 19,90 €.
Oui… si vous aimez partager et sortir (ciné, restau, théâtre) plutôt que la classique rencontre autour d'un «café» ou d'un «verre». Diwi, c'est la version 2.0 du site «On va sortir». Oui… si vous voulez éviter les risques de déception et tabler plus sur le mode de rencontre plutôt que la personne rencontrée. Oui… si vous en avez marre de vous mettre la pression lors du date amoureux.	L'inscription est gratuite pour tous et peut se faire via le compte Facebook en quelques secondes.

	C'EST QUOI ?	ÇA MARCHE COMMENT ? LE PLUS ?
eDarling ***Des profils taillés au cordeau.***		Le questionnaire de personnalité est de loin le plus poussé de tous les sites et le plus intéressant à réaliser. Et bonne nouvelle, il est «gratuit» ! Son plus : ce test de personnalité permet de mettre en évidence les traits dominants de chacun (organisation, relationnel, flexibilité, sociabilité, sensibilité). En fonction des résultats obtenus, certains profils qui s'accordent le mieux à votre personnalité sont proposés (si vous prenez l'abonnement bien sûr).
Eden Flirt ***Le paradis des rencontres coquines et faciles.***		Pratique, la possibilité de se géolocaliser via des mini-sites régionaux. L'appli joue la carte de la discrétion et c'est tant mieux ! On n'a pas envie que tout le monde soit au courant qu'on flirte sur Eden. Autre plus : pouvoir flouter son visage dans un premier temps ou ne le dévoiler qu'à certains membres.
Elite Rencontre ***Très très sélectif...***		Très sérieux, ce site est l'un des seuls où chaque profil, pourtant nombreux, est vérifié manuellement. Il dispose de tests de personnalité (très semblable à celui d'eDarling, pour ne pas dire le même), d'un service de matchmaking et de géolocalisation afin de proposer aux membres des profils correspondants à leur choix et pas à l'autre bout du monde !
Easy Flirt		Dès le départ, c'est à vous de choisir quel type de rencontres vous voulez faire (gay, sexy ou sérieuse). De quoi partir sur de bonnes bases et aller à l'essentiel, sans prise de tête ni perte de temps. Mais ouf ! il est possible de changer de catégorie à chaque instant.
Fresh ***Pour toutes celles qui en ont « marre de rencontrer Robert à la place de Pattinson » !***		Enfin ! Fresh a résolu le problème des vraies-fausses photos des candidats. Ici, pour y accéder chaque jour il faut faire... un selfie ! Cet autoportrait de soi sera publié sur l'appli, vous permettant d'avoir accès aux comptes des autres membres. Ensuite, on like le portrait et si c'est réciproque... vous pouvez discuter !

C'EST POUR MOI OU PAS? J'Y VAIS OU PAS?	ÇA VA ME COÛTER COMBIEN?
Oui… si vous êtes très endurante et motivée. Il faut avoir la foi pour venir à bout du questionnaire. Mais c'est toujours intéressant de faire le point sur soi, ses envies profondes, son caractère… Oui… si vous voulez être sûre de rencontrer quelqu'un qui peut vous correspondre. Le site s'engage en effet à vous mettre en relation avec un nombre précis de profils.	L'inscription est gratuite MAIS ne permet pas grand-chose. Pas de connexions avec les autres membres (voir les photos, ou checker qui consulte réellement son profil). Ni la possibilité d'utiliser l'appli. L'abonnement est dégressif… à condition de s'engager sur le long terme (de 100 € pour un mois d'utilisation jusqu'à 32 €/mois sur un an).
Oui… si vous recherchez des relations passagères et charnelles.	L'inscription est gratuite pour tous. L'abonnement, gratuit pour les femmes est de 49 € par mois pour les hommes.
Oui… si vous être exigeante et vous ne voulez pas perdre de temps avec des candidatures foireuses. Oui… si vous avez plus de 35 ans et de nombreux diplômes (la majorité des membres est diplômée de l'enseignement supérieur…).	Après l'inscription gratuite, l'abonnement est dégressif (de 120 € pour un mois à 32 € avec un engagement sur un an).
Oui… si vous savez ce que voulez !	L'inscription est gratuite. L'abonnement, gratuit pour les femmes, commence à 29,99 € par mois pour les hommes, avec un tarif dégressif.
Oui… si vous avez été déçue par les rencontres en vrai (plus vieux, plus gros, plus moche).	L'inscription est gratuite. Pour pouvoir utiliser toutes les catégories de l'appli, il faut se rafraîchir en achetant des glaces (à partir de 0,99 € les 100).

	C'EST QUOI?	ÇA MARCHE COMMENT? LE PLUS?
Gleeden *Des rencontres sans engagement.*		Ce site de rencontres extra-conjugales a tout d'abord été pensé pour et par des femmes. Clairement, elles ont le pouvoir et peuvent commenter les fiches. Le site et l'appli sont très sobres, pour passer inaperçu. Et pour ne pas se faire pincer, il dispose aussi d'un bouton d'urgence, permettant de se déconnecter en un clin d'œil et d'afficher un autre site.
Geekmemore		Ce site de rencontre atypique propose de mettre en relation les célibataires passionnés par le high-tech, les mangas, les jeux vidéos… Une fois l'inscription réalisée, on accède à un univers dédié à l'esprit geek avec des articles sur l'actualité des jeux vidéos, du cinéma de SF, des séries TV… Il est aussi possible de noter en détail son intérêt pour tel ou tel domaine, afin que le système de matching en place sur le site sélectionne les célibataires susceptibles de nous intéresser. Le plus ? La possibilité de mettre en place des événements 100 % geek, en privé ou en public.
Happn *Parfois l'amour est là, juste sous nos yeux.*		Le système de géolocalisation permet de retrouver un(e) inconnu(e) croisé(e) dans la rue. Un like sur son profil et… si c'est réciproque, vous pouvez discuter.
HugAvenue *Pour ceux qui ont grandi avec les réseaux sociaux.*		Facebook, Instagram, Twitter… Ce site dédié aux rencontres amicales ou amoureuses s'inspire de l'esprit «réseau social» (tchat, messagerie privée, indices de popularité) avant d'être un vrai site de rencontres. Cependant il propose une option de géolocalisation pour faciliter les rencontres de proximité (par ville ou même par quartier parfois).
Je contacte *Le fast food du site de rencontre.*		Comme le site est gratuit, il attire de nombreux hommes. Les femmes ne seront donc pas en reste, mais devront faire un ÉNORME travail de tri. Autre bémol, les faux profils et autres propositions plus que douteuses y sont nombreux. Prudence donc !

C'EST POUR MOI OU PAS ? J'Y VAIS OU PAS ?	ÇA VA ME COÛTER COMBIEN ?
Oui... si vous êtes déjà casée et vous avez envie de tester votre pouvoir de séduction ou vous offrir un 5 à 7 coquin. Oui... si vous voyagez beaucoup et recherchez des aventures sur l'international.	Gratuit pour les femmes, des tarifs modulables «à la carte» pour les hommes, dès 14,99 €. Un système de «crédit» qui permet d'accéder à Gleeden (lire/envoyer les messages/voir les photos, etc.).
Oui... si vous êtes une geek ou vous recherchez un geek.	L'inscription est gratuite et l'abonnement à partir de 19,90 € par mois.
Oui... si vous habitez en ville. Oui... si vous êtes «romantique» et «tête en l'air»... et que vous ne voulez pas passer à côté de «the one».	L'inscription est gratuite via Facebook. Certaines options comme l'envoi de charmes sont payantes pour les hommes (à raison de 1,79 € les 10 crédits).
Oui... si vous suivez certaines émissions de TV sponsorisées par le site. Oui... si vous êtes adepte des réseaux sociaux. Oui... si vous voulez vous inscrire sur un site de rencontres... sans vraiment vous inscrire sur un site de rencontres.	L'inscription est gratuite, l'abonnement est dégressif de 19 € par mois (sur un an) à 49 € sur un mois pour les hommes. Pour les femmes, c'est à peu près la moitié. Une offre test de 2 semaines est proposée à petit prix pour tester. Sans abonnement, l'envoi et la réception de messages sont limités, comme le visionnage des photos de profil.
Oui... si vous avez plus de 40 ans. Oui... si vous souhaitez bénéficier d'un service 100 % gratuit. Oui... si vous avez BEAUCOUP de temps devant vous. Oui... si vous n'êtes pas super-pressée.	L'inscription et l'utilisation sont totalement gratuites.

	C'EST QUOI ?	ÇA MARCHE COMMENT ? LE PLUS ?
Le Parfait Gentleman	💻	La galanterie a encore de beaux jours devant elle, même sur un site de rencontres. Le site propose aux femmes qui s'y inscrivent d'aller à la rencontre d'hommes sérieux et bien élevés. Pour faire gagner du temps à ses membres, le site présélectionne ceux qui sont susceptibles de se plaire.
LinkyCrush ***La rencontre d'une vie peut se faire n'importe où !***	💻 📱	Vous vous trouvez dans un bar, une soirée entre amis, un restaurant, une salle de sport, les transports en commun... Localisez-vous et découvrez si d'autres membres de l'appli sont dans les parages. Vous pourrez engager la conversation via la messagerie ou la ligne de téléphone privée et anonyme que l'appli met à votre disposition. Ça fonctionne aussi si vous croisez quelqu'un de non abonné à qui vous ne voulez pas donner votre vrai numéro.
Lovoo ***Rencontres géolocalisées en un clic.***	📱	L'inscription est rapide car elle peut se faire via le compte Facebook. Outre le service de géolocalisation, cette appli va plus loin encore en proposant un service de «radar de proximité». Autrement dit, quand un célibataire répondant aux critères se trouve à proximité, l'appli le repère pour nous. Il y a également un service de switch où l'on indique si oui ou non la personne nous plaît. Si la réciproque se fait, les deux membres sont mis en contact. Petit bémol : l'envoi de très nombreuses notifications.
Marmitelove ***Un bon repas, oui... mais à deux, c'est mieux !***	💻	Ce site simple d'accès rassemble les passionnés de cuisine et aspirants amoureux pour des «rencontres gourmandes». Ici, pas de questionnaire de personnalité, les informations données sont succinctes et non obligatoires.
Mec à croquer ***Les mecs s'affichent, les filles choisissent. Au moins, c'est clair !***	💻 📱	Sur ce site, ce sont les filles qui font le premier pas. Il se veut coquin avant tout et n'a pas l'intention de s'en cacher. Aussi, ne vous étonnez pas quand, dans le questionnaire de présentation, on s'attardera sur vos habitudes ou envies en matière de sexualité. Bon point : côté sécurité, c'est du sérieux. Les photos par exemple : elles sont soumises aux votes des utilisateurs. Le gros plus : une ligne anonyme pour téléphoner aux membres sans dévoiler son numéro personnel.

C'EST POUR MOI OU PAS ? J'Y VAIS OU PAS ?	ÇA VA ME COÛTER COMBIEN ?
Oui… si vous voulez faire des rencontres sérieuses.	L'inscription est gratuite, et le site propose un abonnement pour hommes et femmes dès 34,90 €.
Oui… si vous pensez que l'amour est là, juste là. Oui… si vous voulez créer du lien partout. Oui… si vous voulez une rencontre sérieuse. Oui… si pour vous les rencontres «hot», c'est «not» !	L'inscription est 100 % gratuite.
Oui… pour ceux qui veulent faire des rencontres à deux pas de chez eux. Oui… pour ceux qui recherchent de la rencontre rapide.	L'inscription et l'utilisation sont gratuites.
Oui… si vous aimez cuisiner. Oui… si vous aimez partager un bon repas et boire du bon vin.	L'inscription est 100 % gratuite.
Oui… si vous êtes jeune. Voire très jeune (18-25 ans en moyenne). Oui si vous êtes plutôt urbaine, ouverte à tout type de relation, mais surtout aux relations funs… et le plus souvent sans lendemain très sérieux.	Si l'inscription est gratuite pour tous, l'abonnement pour hommes et femmes est de 3,90 € par semaine ou 29,90 € par mois, avec un tarif dégressif sur 6 mois.

	C'EST QUOI ?	ÇA MARCHE COMMENT ? LE PLUS ?
Meetic ***Beaucoup plus sérieux que l'idée «Meetic, tu cliques et tu niques».***		Site de rencontres le plus connu de la planète et aussi… le plus fréquenté. Attention, prenez bien le temps de répondre à l'intégralité des questions du test de départ ! (Enfin, presque toutes… peut-être pas obligé de dire combien on gagne, si ?)
Meetic Affinity ***Meetic… en mieux ! Oui, c'est possible !***		Meetic Affinity, c'est Meetic, version sélective. En s'y abonnant, on est sûr que les membres qui nous sont présentés ont les mêmes envies et centres d'intérêt. Comment ? Les propositions sont déterminées à partir des résultats du test d'affinités à compléter au départ. Très documenté, le site propose de nombreux articles et vidéos conseils et propose même un service de coaching à suivre avec des psychologues.
Netechangisme		Ça a le mérite d'être clair ! Comme son nom l'indique, ce site est réservé aux rencontres coquines (échangisme, mais aussi triolisme, fétichisme…) pour célibataires ou couples, débutants ou confirmés.
Netsenior ***La bonne rencontre n'a pas d'âge. Mais prudence…***		L'inscription se réalise en quelques minutes grâce à des questions simples. Étrange quand même que sur l'interface de départ, « les derniers membres connectés » soient plutôt des jeunes femmes (autour de 30/35 ans) pour un site dit senior, non ?
Once ***Le « il était une fois » version moderne… Une philosophie à l'opposé de Tinder.***		Les rencontres amoureuses se font sur la base du «slow dating». En clair, on ne peut faire qu'un seul match par jour (sauf à vouloir forcer le destin moyennant quelques euros). Chaque profil est vérifié par une «vraie» personne, qui a la lourde charge de proposer le rendez-vous du jour. Mais sur quels critères ? Mystère. Le questionnaire est peu poussé (âge, religion, profession…). Quand on reçoit une proposition, il faut que chaque partie valide le match pour être mise en relation.

C'EST POUR MOI OU PAS ? J'Y VAIS OU PAS ?	ÇA VA ME COÛTER COMBIEN ?
Oui… si vous souhaitez faire des rencontres sur un site ludique et simple d'accès. Oui… si vous avez du mal avec «trop de virtuel» ! Vous allez apprécier les multiples activités proposées par le site (soirées, etc.) qui facilitent les rencontres près de chez soi… sans interface !	L'inscription est gratuite pour tous. Suivant sa durée, l'abonnement varie de 15 € à 30 € par mois pour les femmes et les hommes. L'intérêt de l'abonnement ? Entre autre, activer l'option «Contact Filter» pour que seules les personnes dans vos critères puissent vous contacter.
Oui… si vous cherchez quelqu'un sans avoir envie de chercher ! Oui… si vous voulez du sérieux avant tout.	L'inscription est gratuite et l'abonnement à partir de 19 € par mois avec un engagement d'un an.
Oui… si vous êtes dans le libertinage. Oui… si vous voulez découvrir de nouvelles expériences sexuelles.	L'inscription est gratuite et l'abonnement coûte 1,90 € pour 2 jours.
Oui… si vous avez plus de 55 ans. Oui si vous voulez faire des rencontres amoureuses sérieuses, ou simplement amicales.	L'inscription est 100 % gratuite pour hommes et femmes.
Oui… si vous avez 30 ans. Oui… si vous en avez marre de chez marre de Tinder.	L'inscription est gratuite et peut se faire grâce au profil Facebook. Certaines options sont payantes (choix du match du lendemain, seconde chance sur un match, accusé de réception des messages…), de 5,99 € à 24,99 €.

	C'EST QUOI ?	ÇA MARCHE COMMENT ? LE PLUS ?
Parship ***Le pionnier des recherches par affinités.***		Le questionnaire très poussé va permettre une mise en relation selon affinités. Pratique, le site propose aussi des séances de coaching pour apprendre à dépasser ses appréhensions en matière de séduction.
POF ***Plenty Of Fish (beaucoup de poisson), ce qui en dit long sur ce qu'on risque de récolter***		L'inscription basique permet de rechercher des profils en incluant un certain nombre de filtres ou critères. On peut aussi envoyer et lire vos messages, voir les photos et descriptions des profils... Pas de fioritures, le style est dépouillé et les rubriques classiques (recherches sur critères, messagerie).
Reel Me ***Geek ou pas geek, telle est la question.***		Original ! Les membres se présentent à travers des clips personnels. Pour les plus timides, il est possible de poster une photo accompagnée d'un enregistrement vocal. Vous craquez pour un profil ? Likez-le et si ce sentiment est réciproque, vous pourrez alors échanger et pas uniquement via des clips !
Rencontres Locales		Comme son nom l'indique, ici, les rencontres se font sur un tout petit secteur géographique. Le plus du site ? Un accès simplifié et une énorme vigilance sur les membres irrespectueux ou les faux profils. Ce qui est plutôt bien hors des grandes villes notamment. Petit bémol, la proportion des membres femmes est encore assez faible comparée à celle des hommes.
Rencontres Rondes		Quand l'apparence n'est pas un problème, mais plutôt un atout. Les femmes rondes y sont fières de leurs formes et les hommes inscrits trouvent plus de charme à un corps rond qu'anguleux. Les choses sont claires, mais pas question pour autant de se focaliser uniquement sur le physique ! Le site se veut généraliste et permet à ses membres de se rencontrer en fonction d'autres critères (projets de vie, passions...).

C'EST POUR MOI OU PAS ? J'Y VAIS OU PAS ?	ÇA VA ME COÛTER COMBIEN ?
Oui… si vous avez plus de 35 ans et vous recherchez une histoire sérieuse. Oui… si vous voyagez beaucoup et/ou vous êtes prêts à vivre une histoire d'amour lointaine (le site est très implanté à l'étranger).	Inscription gratuite pour hommes et femmes, et l'abonnement se situe entre 19,90 € par mois jusqu'à 49,90 € selon la durée de l'engagement.
Oui… si vous n'avez pas peur de recevoir un nombre invraisemblable de messages et de «coucou sa va ?»	L'inscription est gratuite. Une option premium est proposée à partir de 5 € par mois pour booster sa visibilité ou accéder à des infos cachées.
Oui… si vous êtes jeune et ultra connectée. Oui… si vous êtes fan de vidéos, clips et autres CV virtuels.	Appli de rencontres accessible gratuitement sur Apple Store et Google Play.
Oui… si vous favorisez la proximité ! Oui… si vous misez la sécurité.	L'inscription est gratuite, abonnement dès 28,89 € pour un mois dont 7 jours offerts.
Oui… si vous êtes ronde. Oui… si vous aimez les rondes. Oui… si le physique n'est pas tout.	L'inscription est gratuite, l'abonnement est dégressif pour hommes et femmes selon la durée (de 29,99 € pour un mois à 17,99 € par mois pour six mois).

	C'EST QUOI ?	ÇA MARCHE COMMENT ? LE PLUS ?
Senior Proximeety		L'inscription se fait en quelques minutes, en remplissant un formulaire détaillé. Tous les profils (à noter répartition équitable homme femme), et les photos sont vérifiés avant la diffusion du profil. Autre plus : il est possible de blacklister les personnes indésirables.
SoloFamily		Une fois l'inscription effectuée, le site est très simple d'utilisation. Il suffit de rentrer ses critères de sélection (la situation géographique, les passe-temps, la personnalité ou le physique) pour que la liste des célibataires diminue à vue d'œil !
Soloways ***Et si on se laissait surprendre au bout du monde ?***		Après une rapide inscription, il faudra jouer les touristes en quête du voyage idéal. Laissez-vous séduire par les photos de paysages ou entrez vos critères de sélection (date de départ ou durée du voyage, destination rêvée, tranche d'âge des membres visée, thématique ou activité du voyage...).
Sugar Daddy ***Le lien entre amour (ou pas...) et argent assumé.***		Original, ce site l'est vraiment. Il met en lien des femmes plutôt jeunes, lassées par les hommes de leur âge, avec des hommes plus âgés qui ont bien réussi leur vie mais n'ont pas trouvé chaussure à leur pied... Ou qui ont envie de prendre du bon temps. L'inscription se fait en mode rapido.
Tinder *YOLO : You Only Live Once.*		Tout se joue essentiellement sur les photos car vous n'aurez souvent comme infos qu'un pseudo, un âge et éventuellement une courte description. Une personne vous plaît, vous glissez son profil vers la droite. Si elle vous plaît particulièrement, vous pouvez lui envoyer un «superlike» et la personne sera directement informée de votre coup de cœur. Elle ne vous plaît pas du tout, swipez-la sur la gauche. Si vous plaisez aussi à la personne que vous avez sélectionnée, vous obtiendrez un «match» qui vous permettra d'être mis en contact. Depuis peu, l'appli propose aussi des soirées avec l'option gratuite Tinder Social.

C'EST POUR MOI OU PAS ? J'Y VAIS OU PAS ?	ÇA VA ME COÛTER COMBIEN ?
Oui... si vous avez plus de 50 ans. Oui... si vous cherchez à faire des rencontres amoureuses sérieuses, sans vous mettre la pression non plus pour trouver le grand amour.	L'inscription est 100 % gratuite pour hommes et femmes.
Oui... si vous êtes un parent en solo. Oui... si vous êtes célibataire et cherchez un prétendant avec enfants fournis dans le kit. Oui... si vous êtes adepte des familles recomposées.	L'inscription est gratuite mais ne suffit pas pour utiliser convenablement le site. Le site propose une offre test à 15 € pour 15 jours. Ensuite, comptez 29,99 € par mois.
Oui... si vous avez la bougeotte et n'avez pas peur de l'inconnu car il est impossible de voir ou de discuter avec les membres avant le départ. Moyenne d'âge ? Plus de 40 ans.	L'inscription est gratuite. Pour la suite, tout dépend du voyage que vous souhaitez effectuer.
Oui... si vous recherchez un homme mûr, ersatz ou pas de papa. Oui... si vous êtes jeune et fraîche (pour les filles), plus âgé et fortuné (pour les hommes).	L'inscription est gratuite. L'abonnement à 19,90 € par mois permet entre autres de voir les profils qui ont visité le compte.
Oui... si vous aimez zapper d'un profil à un autre. Oui... si vous voulez plutôt vous amuser. Oui... si vous êtes en phase kleenex (je prends, je m'en sers, je jette). Oui... si vous êtes ou n'avez pas peur d'être prises pour un coup d'un soir uniquement.	L'inscription est 100 % gratuite pour hommes et femmes. Il est toutefois possible d'acheter des options supplémentaires Tinder Plus en payant (à partir de 14,99 € par mois ou moins si l'on commande pour plusieurs mois). Par exemple un accès illimité aux fiches des filles. Les données personnelles sont importées via Facebook, mais sans que vos amis soient au courant.

	C'EST QUOI ?	ÇA MARCHE COMMENT ? LE PLUS ?
Tutti Flirty ***Pour celles et ceux qui n'ont pas peur de la caméra.***		La rencontre avec les autres utilisateurs, qui sont géolocalisés pour se trouver près de nous, se fait via une vidéo de 10 secondes sur laquelle on se présente. On peut ensuite dialoguer en direct et en vidéo. Pour éviter les mauvaises surprises et les profils complètement retouchés.
Twoo		L'inscription est très rapide, mais si l'on veut multiplier les chances de rencontres, mieux vaut prendre le temps de répondre au questionnaire de présentation qui est très complet (42 critères, dont les informations sur notre tendance à être jaloux(se) ou encore si oui ou non vous possédez une voiture). Drôle, des fonctions uniques en leur genre comme des jeux qui permettent aux membres de faire connaissance sur un mode plus cool.
Victoria Milan ***Je m'encanaille avec Victoria, je flirte avec Milan.***		Le site dispose d'un bouton «panique» et «auto-log-out» (pour les étourdis qui oublient de fermer la fenêtre ouverte sur l'ordi) pour ne pas être pris(e) en flagrant-délit. L'anonymat étant primordial, le site offre la possibilité de flouter les photos accessibles à tous les membres. Vous disposerez ensuite d'une clé permettant de donner l'accès à vos clichés aux personnes de votre choix.
Wekiss		Un code permet de protéger ses données et de choisir les membres avec qui partager ses photos par exemple. Pratique, on peut effectuer une recherche de membre par mots-clés, ce qui facilite les rencontres par affinités.
Zoosk		Une fois inscrit, vous pouvez consulter les fiches des membres en les faisant défiler de droite à gauche. Quelqu'un vous plaît ? Envoyez-lui un sourire ou un petit cœur. Autre option : choisir un profil sur carrousel. Si c'est réciproque... vogue la galère, à condition d'avoir assez de crédits (voir colonne ci-contre). Le plus ? Une fonction SmartPick : plus on l'utilise, plus l'appli sait ce/qui on aime, plus elle affine ses propositions.

C'EST POUR MOI OU PAS ? J'Y VAIS OU PAS ?	ÇA VA ME COÛTER COMBIEN ?
Oui… si vous êtes une fille car ce sont les femmes qui décident d'envoyer un flirt ou de mettre le garçon sur la liste des flirts. Sans ce sésame, impossible de dialoguer. Oui… si vous êtes jeune et que vous aimez vous mettre un miminum en scène.	L'inscription est 100 % gratuite pour hommes et femmes. Ensuite on doit acheter des crédits.
Oui… si vous rêvez d'une relation sérieuse sur le long terme.	L'inscription basique est gratuite mais il faut acheter des crédits (dès 1,99 € jusqu'à 44,99 €) pour accéder aux options de l'appli et avoir un profil plus attrayant parmi la foule de membres présents.
Oui… si vous êtes en couple et que vous vous ennuyez. Oui… si vous voulez tromper votre mari ou votre femme.	L'inscription est 100 % gratuite pour hommes et femmes. Tout le monde doit ensuite s'acquitter d'un abonnement, de 19,99 € à 39,99 € par mois.
Oui… si vous êtes adepte des sites de rencontres. Celui-ci est quasi comme les autres avec l'option code et recherche par mot-clé bien pratique.	L'inscription est gratuite, abonnement gratuit pour les femmes et de 49 € mensuel pour les hommes.
Oui… si cela ne vous dérange pas d'être associée à Zoosk sur les réseaux sociaux. En effet, un grand reproche fait à ce site est de ne pas respecter la confidentialité des profils.	L'inscription est gratuite. Mais très vite le site est limité sans abonnement (qui a consulté mon profil ? Lire ou envoyer un message…). Le tarif : de 29,99 € pour un mois à 12,50 € par mois pour un abonnement de 6 mois. On peut en plus bénéficier d'un système de crédits à claquer sur le site (offrir un cadeau virtuel par exemple).

À SAVOIR AVANT D'Y ALLER

- Avant tout, créez une adresse mail spécifique, sans donner votre nom de famille. Cela vous permettra de rester anonyme quand vous répondrez aux messages des candidats. Et surtout, cela évitera à votre adresse mail perso d'être polluée par les centaines d'alertes qui ne vont pas manquer d'arriver, du type « Vous avez reçu un mail », « Vous avez reçu un flash », etc. Si malgré cette précaution vous avez trop de mails à gérer (vous pouvez en recevoir plus de 200 en une nuit), décochez simplement dans les réglages du site l'option « Envoyer des mails lors d'une visite, d'un flash, d'un message ». Je vous aurai prévenue !

- Profitez de la période d'essai proposée par les sites payants pour faire le tour des forums et vérifier que le site est bien actif (cette précaution vaut pour les sites moins connus que Meetic, Adopte Un Mec ou Attractive World).

- Apprenez fissa à annuler le paiement automatique des abonnements sur App Store (sur IPhone) ou Google Play Store (sur Androïd) : vous éviterez ainsi le renouvellement automatique quand vous choisissez de vous abonner pour un temps à une appli. Attention : la désinstallation d'une application ne résilie pas pour autant l'abonnement. Vous devez préalablement annuler l'abonnement pour pouvoir le résilier.

- Comment vous désabonner d'une appli achetée sur App Store ? Sur votre iPhone, iPad ou iPod Touch, appuyez sur la touche Réglages. Sélectionnez App Store et iTunes Stores. Cliquez sur votre identifiant Apple puis sur Afficher l'identifiant Apple. Si besoin, connectez-vous en notant votre mot de passe. Dans Abonnements, cliquez sur Gérer pour modifier la période d'abonnement ou désactiver une bonne fois pour toutes le renouvellement automatique. Votre abonnement sera interrompu à la fin de la période de facturation en cours.

- Comment vous désabonner d'une appli achetée sur Android ? Sur votre téléphone ou votre tablette, ouvrez le Google Play Store. Allez dans Menu puis Compte, puis Abonnements. Sélectionnez l'abonnement que vous souhaitez résilier en cliquant sur Annuler.
- Notez que, comme pour les miles quand vous voyagez beaucoup, vous pouvez là aussi cumuler les inscriptions ! Oh, surprise ! Vous risquez de rencontrer les mêmes profils sur différents sites.

QUELLE EST LA MARCHE À SUIVRE ?

La bonne nouvelle ? Peu importe le moyen numérique choisi, le fond reste le même. Dans tous les cas, il va falloir remplir une fiche, plus ou moins détaillée selon le site choisi, et sélectionner des photos. De vous.

Il va falloir faire preuve de méthode pour ne pas vous égarer et perdre trop de temps. Apprendre à séduire 2.0, c'est un peu comme passer son bac numérique : on révise ses classiques en matière de séduction. Les personnes organisées tendance obsessionnelle peuvent même tenir des fiches ou créer des tableaux Excel.

D'abord se plaire soi-même

Oui, car s'inscrire dans un site de rencontres nécessite une mise au point pour vous permettre de redevenir active dans le domaine de la séduction. Si les règles de la drague ont changé, une chose est restée immuable : pour plaire, il faut avant tout se plaire.

Revue de détails avant de se présenter devant un bel inconnu.

- Entamez un rangement par le vide : bye-bye les habits moches qui ne vous mettent pas en valeur. Bonjour le style sympa qui vous va à tous les coups !
- Prenez rendez-vous chez le coiffeur : les cheveux blancs et autres colos ratées, non merci, vous avez passé l'âge.
- Faites un tour au nail bar le plus proche : les ongles nickels (des mains et des pieds), ça vous pose une femme.
- Apprenez une bonne fois pour toutes à vous maquiller : les grandes enseignes de maquillage (M.A.C, par exemple), mais aussi les temples de la beauté, comme Sephora ou Marionnaud, proposent des sessions de cours de maquillage. Profitez-en, vous éviterez les beauty faux pas : le bleu sur les

paupières, le mascara turquoise, les traces de fond de teint, le rouge à lèvres orange…

- Confiez vos sourcils à un pro (Benefit, L'Atelier des Sourcils) pour qu'il dessine une ligne impeccable qui ouvre le regard ; parfois, ça fait gagner quelques années !

Ce relooking est-il nécessaire ? Oui, parce que c'est ce processus (mise en beauté, mise en scène de soi via les photos) qui va vous permettre, petit à petit, de retrouver le chemin de la confiance en vous, de regonfler votre ego séduction. Surtout si, dès l'inscription, vous recevez des messages plutôt sympas d'inconnus qui n'ont qu'une envie : vous rencontrer au plus vite !

Avouons-le : reprendre confiance en ses capacités de séduction est l'un des intérêts majeurs de l'inscription sur un site.

Se faire prendre en photo

Une fois votre nouveau moi sublimé, vous pouvez envisager de réaliser quelques photos pour les sites. Pas besoin de passer par la case photographe professionnel : un bon smartphone et une copine inscrite sur Instagram suffisent ! Si votre copine sait utiliser ce réseau social de partage de photos et de moments de vie, elle va savoir vous tirer le portrait.

La seule règle à suivre : rester digne et présentable !

Choisissez trois tenues dans lesquelles vous êtes bien et c'est parti pour une photo en pied à l'extérieur, avec une jolie lumière, une photo en action (au resto, en train de boire un drink) et un portrait plus serré sur le visage, avec un joli rouge sur les lèvres — ni trop ni pas assez, juste vous tous les jours.

Ces photos vous montreront sous différents angles, à votre avantage bien sûr, mais sans en faire trop non plus : valorisez-vous un maximum pour appâter le chaland, mais ne tombez pas non plus dans la surenchère inverse en vous survendant (sinon, bonjour l'effet déceptif lors du premier rendez-vous). Soyez naturelle, souriante, et choisissez la photo qui vous correspond le mieux en photo numéro 1.

À FAIRE

- Mettez plusieurs photos : de face, de profil, en pied.
- Prêtez une attention particulière au choix de la première photo qui apparaît. C'est évidemment la plus importante.
- Choisissez des photos qui vous représentent dans des situations différentes.
- Dévoilez, à travers votre sélection de photos, un peu de votre univers. Par exemple, un selfie si vous êtes connectée, en tenue de sport si vous êtes sportive – sinon évitez l'effet jogging du dimanche –, au restaurant si vous êtes une bonne vivante. L'idée est de permettre à la personne de l'autre côté de l'écran de vous découvrir petit à petit.

À NE PAS FAIRE

- Ne choisissez pas de faire l'impasse sur les photos.
- Mettez autre chose qu'une mauvaise photo d'identité.
- Ne sélectionnez pas que des photos posées, qui manquent de naturel.

- N'abusez pas des filtres disponibles sur les téléphones, au risque d'obtenir un effet photoshopé pire que dans les magazines féminins.
- Ne mettez pas une photo de vous avec une autre personne qui n'a pas demandé à être sur le site ou l'appli (enfants, ex, amie, ami, collègue de travail, nièce, neveu...).
- Ne mettez pas une photo de votre animal de compagnie, même adoré (chien, chat, poisson rouge...).
- Ne mettez pas une photo vieille de plus de 6 mois.
- Oubliez les photos de vous en maillot de bain ou pire, en lingerie fine.
- De même, bannissez toute photo avec une pose tendancieuse (lascive, allongée sur un lit...).
- Pas de photo de vous « fish face » ou « duck face » (autrement dit, en tête de poisson ou de canard, obtenue en faisant la moue avec sa bouche).

ET SI JE N'AI PAS ENVIE DE METTRE DE PHOTO ?

Ne faites pas cette erreur ! C'est un non-sens absolu ! Imaginez, vous rencontrez LE mec qui vous plaît, qui semble vous correspondre, mais il n'a vu aucune photo de vous. Le risque est grand, pour lui, d'être déçu s'il vous imaginait grande et blonde aux yeux bleus alors que vous êtes petite, brune aux yeux marron et rondelette ! Ne perdez pas de temps et montrez-vous telle que vous êtes ! Ceux qui ne vous trouvent pas à leur goût laisseront la place à d'autres, et tant mieux ! C'est dur ? C'est comme ça dans la vie, le physique passe parfois avant les qualités de cœur et d'esprit. On n'y peut rien alors on a tout intérêt à se montrer à son avantage, mais au naturel, sans tricher sur son âge, son poids ou encore sa coupe de cheveux. Ne pas se reconnaître lors de la première entrevue parce que les photos datent de Mathusalem est franchement pire que ne pas se plaire immédiatement sur photos !

GARE AUX MAUVAIS SIGNAUX ENVOYÉS

Petit aparté pour rappeler que l'Homme, dans toute sa splendeur et son évolution, vit parfois encore comme au temps de Cro-Magnon : homme chasseur-cueilleur de femmes à chasser. Il a vite fait d'interpréter ou de surinterpréter certains signaux qui pour lui veulent dire « sexe, sexe, sexe ». Attention donc aux poses lascives, à la bouche en cœur ou en fish, au décolleté plongeant, à la jupe trop courte, etc. Autant de signes qui peuvent être interprétés par l'Homme comme des signaux positifs à l'accouplement sauvage au fond de la caverne. Si rien n'interdit de vous montrer à votre avantage en maillot, par exemple (3 heures de sport par semaine, ça paye et on a envie que ça se voie !), pour les hommes, cela souligne un état d'esprit particulier qui renvoie plus à l'image de l'accouplement sauvage qu'au couple transi d'amour devant un feu de cheminée.

C'est valable pour le maillot une-pièce au bord de la piscine, alors imaginez l'effet de vous en lingerie fine dans le cerveau reptilien de l'homme. À vous de trouver le juste milieu entre l'option hyper sérieuse (en tenue de nonne) et l'option totalement libertine (en caraco de dentelle).

LES SECRETS LES MIEUX GARDÉS DES MECS

« Je déteste quand la fille met des photos d'elle en mode "Je suis une bombe atomique" et qu'en vrai, c'est elle, mais il y a 10 ans, et qu'aujourd'hui elle ressemble plutôt à une bonbonne sous pression. Bonjour la déception lors de la première rencontre. » *Alan, 44 ans*

« Quand la fille se montre en tenue de plongée sous-marine (même sans le masque !), franchement, quel intérêt ? On ne voit rien ! » *Fred, 37 ans*

Se décrire sans trop en dire

La question des photos réglée, passons à la partie descriptif de soi. Pas facile de se décrire... Encore moins d'expliquer en quelques mots ce qu'on attend des hommes en particulier et de la vie en général. Si le site propose un questionnaire précis, répondez-y sérieusement, cela peut vous permettre d'en apprendre un peu plus sur vous. Après tout, vous ne vous êtes peut-être jamais posé la question de savoir si vous préférez les vacances au ski ou à la mer, si vous aimez être en vacances ou préférez rester pour sortir avec vos potes. Ensuite, pour le descriptif, soyez claire et concise, le tout relevé d'une pointe d'humour.

LES CONSEILS DU PRO
NICOLAS DOLTEAU, COACH EN SÉDUCTION

Fondateur de Coach Séduction® http://www.coachseduction.fr

D'une manière générale, il faut en dire le moins possible sur vous.

Précisez juste un trait de caractère dominant chez vous, et laissez faire les choses. N'oubliez pas que vous rentrez dans l'arène de la séduction et de la rencontre, donc un conseil : ne dévoilez pas toutes vos cartes au premier tour de table ! Dites des choses simples qui vous correspondent : vous aimez sortir, voyager, visiter les musées, lire, aller au cinéma... Vous aimez la musique classique ? Précisez-le ! Vous gagnerez du temps en évitant les réfractaires à Mozart et en engageant la discussion avec les mélomanes !

Présentez-vous donc de manière très générale sans en dire trop. Soignez votre descriptif, relisez-vous soigneusement, au besoin lisez-le à vos copines. Enlevez toutes les phrases remplies de rancœur (« après plusieurs déceptions amoureuses »), de tristesse (« je désespère de trouver chaussure à mon pied ») ou de dépression (« j'ai peur de finir seule avec mon chat »). Tout cela est peut-être vrai, mais inutile de le mentionner dans le descriptif !

Ne vous attardez pas sur ce que vous êtes venue chercher sur le site. Pour plusieurs raisons : vous êtes inscrite sur un site, on se doute bien que c'est pour rencontrer quelqu'un, non ? Est-il besoin de le préciser ? Vous pouvez avoir en tête une idée de votre homme idéal (physiquement ou intellectuellement), mais il n'est pas nécessaire de s'étendre dessus dans votre descriptif.

Et d'ailleurs, pourquoi ne vous laisseriez-vous pas surprendre par un beau brun, alors que vous n'avez connu que des blonds jusqu'à présent ? Côté caractère, si vous dites chercher un homme souriant, drôle et bienveillant, certains filous pourront être tentés de se comporter exactement comme cela afin de vous séduire alors qu'en réalité, ils sont plutôt dépressifs et égocentriques. Donc, peu de descriptions, ça serait dommage de risquer de passer à côté de la vraie perle rare qui est faite pour vous.

Dans le ton, soyez positive, joyeuse : vous devez donner envie aux hommes de rester sur votre fiche, même si en réalité, vous êtes au 36e dessous. Dans la mesure du possible, soyez légère (mais pas frivole), plutôt drôle et... concise. Pas la peine d'écrire un roman ! Quelques lignes suffisent amplement, vous pourrez toujours développer lors des échanges.

Enfin, avant de l'envoyer, prévoyez une petite correction orthographique du descriptif : ça serait bête d'être cataloguée analphabète pour une ou deux fautes de frappe.

Je dis ou j'dis pas ?

- Que j'ai des enfants.
- Que je n'ai pas d'enfants.
- Que je suis divorcée.
- Que j'ai plus de 45 ans.
- Que je n'ai jamais été mariée.

LES CONSEILS DU PRO

NICOLAS DOLTEAU, *COACH EN SÉUCTION*

La règle à retenir ? Dans votre descriptif, évitez au maximum tout ce qui peut faire débat et mener droit à des interprétations masculines. Par exemple : « Elle n'a pas d'enfants ? Houla, ça veut dire qu'elle en veut. » ; « Elle vient juste de divorcer ? Hum... ça ne doit pas être facile en ce moment. » ; « Elle vit seule avec deux enfants en bas âge ? Dangereux, elle doit chercher un papa de substitution. »

Pour l'âge, je mens ou j'mens pas ?

Franchement, ça dépend de vous ! Comment vous sentez-vous dans votre âge ? Où vous situez-vous dans votre tête ? Et surtout, sur quel site vous vous trouvez ? Parfois, à un an près, on passe dans la catégorie 45 ans et plus, alors que dans sa tête on a plutôt 35 ans.

LES SECRETS LES MIEUX GARDÉS DES MECS

« Le mensonge est partout ! Même du côté des filles. Elle m'avait dit avoir 38 ans. Mais en fait, quand je l'ai rencontrée, elle était beaucoup plus âgée, elle avait quasiment 10 ans de plus. Quand je l'ai vue, je lui ai fait part de ma surprise. Elle m'a répondu, sans se démonter : “Si nous nous étions rencontrés à un dîner, vous ne m'auriez jamais demandé mon âge. Je m'entretiens, je prends soin de moi. Je fais plus 38 que 46 ans.” Et en vrai, elle a eu raison. Si elle avait donné son vrai âge, plus de 45 ans donc, je ne serais même pas allé voir sa fiche ! On a passé un moment sympa, cela m'a permis d'être moins bloqué sur l'âge par la suite, même si on n'a pas vécu une folle histoire ensemble. » *Laurent, 39 ans*

« Sur un site, il faut garder en tête que vous devez donner envie de vous. N'hésitez pas à vous valoriser un max. À travers les photos, bien sûr, mais aussi lors de la discussion. Évitez le mur des lamentations, les jérémiades en veux-tu en voilà. N'oubliez pas que vous devez séduire et être séduisante, même à travers un écran ! Votre profil de site, c'est un peu comme votre CV, vous devez vous y mettre à votre avantage, en notifiant les meilleures expériences, sans pour autant tout dire, mais en étant dans la possibilité de dégainer votre diplôme si votre employeur vous le demande. » *Bertrand, 47 ans*

« Moi je déteste les citations toutes pourries à la place d'un descriptif. Idem pour les lieux communs, banalités, phrases clichées comme “Je déteste l'hypocrisie, je n'aime pas le mensonge.” *Alan, 49 ans*

LES SECRETS LES MIEUX GARDÉS DES MECS

« On a trop souvent l'impression que les femmes cherchent à trouver le père de leur futur enfant. Dans cette optique qui tourne à l'obsession, dès les premiers échanges, elles font passer un exam digne du jury d'une grande école. Au moindre truc qui ne colle pas avec les critères attendus, elles dégagent le profil. Mesdames, ce n'est pas comme ça que vous allez rencontrer la bonne personne ! Keep cool ! » *Quentin, 42 ans*

« Elles ont tellement de critères précis en tête qu'elles s'inventent un idéal de mec qui n'existe pas, ni dans le monde réel, ni dans le monde virtuel. Et comme les sites et les applis jouent sur le nombre de candidats, au premier truc qui ne va pas, elles zappent, quitte à passer à côté du bon ! Elles vivent dans le rêve et l'espoir, en attente d'un homme idéal ou providentiel qui n'arrivera jamais. Alors soyez plus open à certains candidats, vous pourriez être agréablement surprises ! » *Alan, 49 ans*

ET ENSUITE ?

Ça y est ? Votre descriptif et vos photos sont postés ? Bienvenue dans le monde impitoyable de la rencontre 2.0 ! Prête à être assaillie de messages… plus ou moins romantiques ?

D'ailleurs, à ce sujet, un petit conseil : lors des échanges, restez vous-même. Évitez de vous installer dans un personnage trop éloigné de vous. Ne jouez pas, par exemple, la grande chaudasse open aux plans cul si, en réalité, vous êtes une vraie romantique : vous risquez de ne pas attirer dans vos filets les bons mâles.

Bon, vous êtes là pour trouver votre perle rare, mais sans oublier le principal : vous amuser. Un mot d'ordre donc : zen. Restez zen, prenez du recul et avancez vos pions, petit à petit. Écoutez votre voix intérieure quand elle vous souffle « Celui-là, je l'sens pas » et allez-y franchement quand vous sentez que vous avez un petit faible pour un candidat.

L'avantage du Net ? Rien n'est définitif, vous pouvez stopper à chaque instant la discussion et couper court dans la seconde en cas de dérapage ou de message qui ne vous convient pas dans le ton ou les propos. Seul impératif : quel que soit votre but (amourette, plan cul, vraie histoire), gardez toujours en tête que vous ne devez pas le dévoiler… au risque de faire fuir les candidats potentiels. Soyez fine stratège, c'est un jeu de séduction, mais un jeu quand même !

Qui a dit qu'il n'y avait plus qu'Internet ?

Ce n'est pas parce que vous êtes enfin inscrite sur un site que vous devez lâcher toute autre forme de vie sociale, bien au contraire ! S'inscrire sur un site vous permet de replonger dans le bain de la séduction, de renouer avec les codes du comment plaire, comment se sentir désirée, comment séduire et être séduite… sur le site, bien sûr, mais aussi et surtout ailleurs ! Une des conséquences positives de cette nouvelle vie, c'est d'être branchée en permanence sur les ondes de la rencontre, d'être aware, d'être prête à rencontrer l'homme. Comment ?

- Affichez un sourire ultra-bright, une attitude qui engage dans la vie.
- Adoptez la « technique du eye contact » : on scanne le lieu, on regarde attentivement, on établit une prise de contact visuelle et... on attend.
- Pendant une semaine, tenez une liste des nouvelles personnes qu'on vous présente, que vous croisez, etc. Vous serez agréablement surprise du nombre important de nouveaux visages (sans doute disponibles) qui croisent votre route, que ce soit à la boulangerie, en bas de chez vous, au bureau, à la salle de gym... Profitez de chaque occasion pour sourire et être disponible à la rencontre. En vacances, mais aussi dans la vie de tous les jours, c'est fou le nombre d'occasions que l'on rate parce que l'on a le nez sur son portable !

MA CHARTE DE CONDUITE 2.0

les 10 commandements à apprendre par cœur avant de passer au chapitre suivant

1. VIVRE NORMALEMENT, TU CONTINUERAS.

Quand on discute avec des inconnus sur un site, on est pleinement dans la discussion. Quand on prend un verre avec ses amis de la vraie vie, on est pleinement avec eux (et pas en même temps sur Tinder). Alors surtout, malgré toutes les joies (et les peines) que les sites vont vous apporter, ne commettez pas l'erreur de vous enfermer là-dedans, continuez de sortir ! Les sites et applis doivent rester un moyen pour rencontrer de nouvelles personnes, mais aucunement une fin en soi ! S'inscrire, c'est un peu comme une mise en bouche, absolument pas un menu complet.

2. DES INCONNUS, TU TE MÉFIERAS.

Vous discutez avec un inconnu : c'est cool, vous êtes sur votre canapé, tranquille, au chaud chez vous, dans votre environnement. Vous discutez. Pendant des heures et des heures. Parfois même en menant de front plusieurs candidats potentiels. Derrière l'écran, vous êtes en confiance. De toute façon, vous ne risquez rien.

Tous les messages, sur le site, via SMS ou autre Whatsapp, peuvent se retourner contre vous. Dans un bar, vous trouveriez bizarre de déballer toute votre vie privée et intime à un inconnu, non ? Dites-vous qu'un site, c'est la même chose : vous parlez à des inconnus, et parfois à plusieurs en même temps. Restez sur vos gardes.

3. DES BREAKS RÉGULIERS, TU FERAS.

Pour éviter de devenir complètement addict, n'y passez pas tout votre temps libre, mettez-vous de temps en temps en mode « pause ». Marre des matches ? Lasse des réponses des candidats ? Il est sans doute temps de sortir du jeu quelques jours ou quelques semaines, le temps de retrouver l'énergie et l'envie de recommencer à jouer.

4. SEULEMENT QUAND TU ES BIEN, TU IRAS.

Chercher un mec sur un site ou une appli requiert une énergie de lionne. Et parfois on n'a pas suffisamment la niaque. Problème au boulot, boulet d'ex-mari, enfant en (pré)crise d'ado... il y a des jours sans. Ces jours-là, zappez les lieux de rencontre du Net. Pourquoi ? Parce que même par écran interposé, on sent tout de suite les personnes qui ont le moral dans les chaussettes. Au mieux, ce n'est pas rigolo pour vous, vous n'allez rien récolter d'intéressant. Et au pire, c'est dangereux pour vous, vous risquez d'attirer des cas sociaux puissance 1 000. Alors quand vous vous sentez au bout du rouleau, que votre journée a été un véritable chaos, prenez un bain, allez au ciné, matez un film tranquille sur votre canapé, lisez un livre, dormez, faites du sport... bref, tout ce que vous voulez, mais pas les sites : ils vous attendront !

5. DES PÉRIODES DE DÉCOURAGEMENT, TU TRAVERSERAS.

C'est normal ! Certaines personnes ont plus de chances que d'autres et « tombent » sur le bon candidat assez vite. Mais la plupart galère avant de rencontrer l'âme sœur. C'est aussi pour cela qu'il est primordial de continuer à vivre normalement.

6. AU 2.0, TU T'ADAPTERAS.

Derrière leur écran, les gens peuvent raconter n'importe quoi en s'appuyant sur des avatars inventés et sublimés d'eux-mêmes pour se rendre super intéressants (du moins, beaucoup plus que dans la réalité). Donc, méfiance, méfiance... De même, le 2.0 facilite les échanges de photos et autres vidéos, alors faites attention aux photos envoyées, même en mode privé : rappelez-vous, on ne sait pas vraiment avec qui on discute.

7. LES RÈGLES TRADITIONNELLES DE LA DRAGUE, TU CONSERVERAS.

OK, on est en 2017, et les sites de rencontres se comptent par centaines. N'empêche, les techniques qui ont marché hier pour attraper les mecs marchent encore (et même encore mieux) aujourd'hui. Dans l'ordre, testé et approuvé : assumer sa féminité, se faire désirer, faire courir le prétendant, le faire tourner en bourrique, faire monter et descendre le thermostat... rien n'a changé.

8. TA NAÏVETÉ, TU OUBLIERAS.

D'une manière générale, les femmes abordent les rencontres 2.0 avec une grande naïveté, sans connaître les codes. Car c'est incontestable, ce moyen de rencontre a permis de faciliter, pour les hommes comme pour les femmes, la surconsommation. Alors s'il vous plaît, pas de sentiment et d'émotion s'il ne s'agit que d'un joyeux corps-à-corps. Dans la même veine, n'invitez pas un inconnu chez vous pour un premier rendez-vous. Préférez, de loin, un lieu public. Si vous faites entrer un homme chez vous sans même le connaître, c'est tout à fait possible qu'il interprète cela comme une invitation à s'envoyer en l'air sans plus d'échanges.

9. TES ATTENTES, TU N'OUBLIERAS PAS.

Vous seule connaissez le but qui vous a poussée à vous inscrire sur un site : au hasard, chercher un mec, vous amuser, sortir, vous éclater, trouver de nouveaux compagnons... Vous n'êtes aucunement tenue de dévoiler vos attentes (y compris dans le descriptif), mais pour autant (surtout si c'est trouver un mec pour de vrai), ne les perdez pas de vue. Ainsi, si c'est clair dans votre tête, personne n'est en droit de vous empêcher de papillonner.

10. LE RIRE ET LA BONNE HUMEUR, TU CULTIVERAS.

Riez de vous, des situations, des candidats... tout doit être prétexte à rigoler. Chercher avec sérieux quelqu'un ne signifie pas prendre cette quête trop au sérieux. Le rire va justement vous permettre de prendre le recul absolument nécessaire à la poursuite de vos objectifs. Comment ? Par exemple en partageant avec vos copines les résultats de vos recherches lors d'apéros débrief ou en créant un groupe de discussion privée sur Facebook ou sur Whatsapp, où vous échangerez sur les fiches des candidats, sur les messages reçus, et proposerez un suivi régulier « radio moquette » de vos historiettes. C'est frais, c'est sympa et encore une fois, ça permet de mettre un peu de piquant dans votre vie. Ce serait dommage de s'en priver !

JE CHASSE
À MORT!

LA PRISE DE CONTACT

Chère lectrice, nous déclarons la chasse à l'homme officiellement ouverte ! C'est maintenant que les choses sérieuses commencent. Ne vous méprenez pas : il ne s'agit pas de sauter sur tout ce qui bouge mais de commencer à jouer au chat et à la souris, version 2.0.

Vous ne vous inscrivez pas pour trouver une bande de copains avec qui partir en vacances. Vous êtes là pour prendre un nouveau virage dans votre vie, et éventuellement repartir accompagnée. Donc, rencontrer de nouvelles personnes c'est bien, mais ce n'est clairement pas suffisant ! Vous cherchez des gens nouveaux, susceptibles de vous plaire dans la vraie vie. Quelqu'un que vous ne connaissez pas encore, mais qui vous ferait craquer si vous le rencontriez lors d'un dîner entre amis.

Et c'est là toute la difficulté : trouver chaussure à son pied sans essayer le modèle, mais en regardant juste la vitrine et en échangeant trois mots avec le vendeur... Dit comme ça, en effet, ce n'est pas gagné ! Le seul chausse-pied à votre service ? La prise de contact par messages et la discussion.

Discuter, vous aimez bien. Mais avec qui ? Et que dire ? Comment relancer la conversation une fois les sujets de la pluie et du beau temps épuisés ? Et comment éconduire rapidement un prétendant pour ne pas perdre de temps ? Comment, enfin, mener la danse pour obtenir les infos dont on a besoin pour se faire une juste idée du personnage de l'autre côté de l'écran ou de son téléphone ? Et comment ne pas être piégée par les mailles de certains, aguerris à la technique de la pêche au gros ?

Vous saurez tout en lisant ce chapitre !

MIEUX VAUT PRENDRE UNE ASSURANCE TOUS RISQUES

Chaque site ou appli a son mode d'emploi. Sensiblement le même que celui des autres, mais avec quelques variantes. On se crée d'abord un profil (on peut souvent, pour accélérer les choses, se connecter via son profil Facebook, et l'appli ne publie rien sur notre mur). On répond à des questions (plus ou moins longues) avant de pouvoir entrer dans l'arène et jouer. Les questions vont permettre, par exemple, d'affiner notre recherche : tranche d'âge souhaitée, zone géographique de recherche... Ensuite, le jeu de séduction virtuelle peut commencer : J'aime/Je n'aime pas ; je réponds à son charme ou pas...

Simples, ludiques, bien paramétrés, les sites facilitent la mise en relation entre vous et une foule de candidats... multipliant par là même certains risques.

Comment survivre dans cette jungle virtuelle ?

Le risque n° 1 : s'emballer

Qui a dit qu'il fallait s'emballer pour se faire emballer ?

S'inscrire sur un site ou une appli de rencontres, c'est un peu comme changer radicalement d'habitat : passer d'une tente plantée dans le désert de Gobi à un penthouse avec vue sur la skyline à New York ! En clair, après des années ou des mois de disette sociale, on se retrouve à communiquer des heures durant avec une espèce en voie de disparition dans notre vie : le sexe opposé. Autant dire que s'il y a une chose difficile à gérer au début, c'est l'emballement, somme toute normal. Normal d'être chamboulée par un message un peu sympa, des photos pas trop mal et de se faire dans la foulée des milliers de films dans sa tête d'éternelle romantique. Mais vous risquez d'être super déçue, de faire une méga chute de la hauteur de votre gratte-ciel et de n'avoir qu'une envie : retourner finir vos jours, seule et désespérée, dans le désert de Gobi.

AGENCE TOUT RISQUE À VOTRE ÉCOUTE ? LA TECHNIQUE ANTI-EMBALLEMENT

Ne pas s'emballer, c'est plus facile à dire qu'à faire : notre rythme cardiaque s'accélère un peu beaucoup avec tous ces messages et ces demandes de rendez-vous !

Pour ne pas s'emballer trop vite, plusieurs solutions :

- Restez accrochée au moment présent ; vous en êtes au stade 1 : j'échange avec un inconnu. Dès que vos pensées commencent à s'envoler vers Hollywood (« Imagine, on pourrait faire ci et ça »), forcez-vous à revenir au moment présent : vous êtes devant un écran d'ordinateur ou de smartphone et vous échangez avec quelqu'un que vous connaissez à peine. Inutile de faire des plans sur la comète, ne vous projetez pas, à ce stade, inutilement.
- Dans le même ordre d'idée, attendez de rencontrer la personne en vrai pour vous faire une opinion définitive sur elle et pour commencer à imaginer (ou pas) une suite. Pourquoi ? Parce que vous ne voyez pas l'autre comme il est réellement, mais seulement dans la représentation que vous avez envie d'en faire et qu'il veut bien vous laisser supposer. Internet est un formidable moteur à scénarios, alors évitez de rêvasser avant d'avoir rencontré l'élu de vos fiches, en vrai.

• Restez vigilante. Dans ce supermarché de la rencontre, la tendance, c'est « tout le monde il est beau, tout le monde il est gentil. » Restez toujours sur vos gardes en ayant en tête que ce qu'il dit ou écrit n'est pas forcément vrai. Entre le virtuel et le réel, il y a parfois un monde ! Et plus on idéalise le prince presque charmant, plus on est condamnée à être déçue par le crapaud qu'on va peut-être rencontrer à l'étape suivante !

• Suivez le conseil du coach en séduction, Nicolas Dolteau : « En face, comme vous, les mecs aussi essaient de se mettre un maximum en valeur. Donc prenez la photo de profil que vous aimez le plus de lui, celle que vous aimez le moins, et dites-vous que la vérité se situe entre les deux. Cela évitera bien des déceptions au moment du passage dans le monde réel ! »

• Attribuez-lui un surnom. Un surnom pas très sympa, mais suffisamment caractéristique pour l'identifier immédiatement. Deux avantages : 1. Éviter d'envoyer trop de messages au prétendant. 2. Pouvoir parler de lui incognito avec les copines, n'importe où, n'importe quand. Cette même technique fonctionne aussi très bien pour les ex qui nous ont royalement brisé le cœur. Vous savez, les mêmes ex qu'on a bêtement envie de rappeler dès qu'on a un coup dans le nez.

Le surnom pour l'ex ? Cafard fonctionne bien (généralement, on a pas trop envie d'envoyer un SMS larmoyant audit cafard en plein milieu de la nuit).

LA FOIRE AUX CHOUETTES SURNOMS

Voici quelques surnoms manquant cruellement de sex-appeal. Très efficaces pour ne pas vous emballer trop vite :

- *L'homme du 6e*
- *L'homme voyageur*
- *L'homme sans dents*
- *L'homme aux trois téléphones*
- *L'homme Ricard*

Ou ceux-ci, présentant un brin de sex-appeal, mais surtout beaucoup d'autodérision :

- *L'étalon du dimanche*
- *Coquin Arnaud*
- *L'allumeur fou*
- *Baby Pierre*
- *Le BG (beau gosse) du site*

Le risque n° 2 : chercher trop son homme

Fuir le célibat, on est d'accord. Mieux vaut être mal accompagnée que seule (mais non, on blague !). Quoique... S'il y a écrit sur notre front « je cherche un mec », ça ne va pas le faire. Mais alors pas le faire du tout. Parce que, selon l'adage populaire « plus tu cherches un mec, moins tu le trouves ! » Et comme dans ce supermarché géant de la rencontre, tout est consommable à l'envi, et même surtout maintenant, tout de suite, on peut vite prendre des vessies pour des lanternes. Ainsi, un mec qui vous invite à prendre un verre et vous raccompagne chez vous dès la première fois n'est pas forcément un candidat réel et sérieux au mariage ou au concubinage.

Relisez bien cette dernière phrase et au besoin, répétez-vous en boucle « les hommes sont doux comme des agneaux lorsqu'ils vous désirent, et aimables comme des chameaux quand ils vous ont eue ». Voilà, on peut dire que je vous aurais prévenue !

L'astuce pour ne pas se faire avoir ? Feinter, comme d'hab'. Mais alors, comment chercher... sans chercher ?

AGENCE TOUT RISQUE À VOTRE ÉCOUTE ? LA TECHNIQUE DE RECHERCHE SANS L'AIR D'Y TOUCHER

- Adoptez la technique des mecs ! Les garçons, eux, ne sont pas compliqués (pour ne pas dire simples d'esprit). Ils sont sur les sites et autres applis « pour un plan cul ». Ils ne recherchent rien de particulier, si ce n'est s'amuser et prendre du bon temps. Surtout, ils ne formulent aucun secret espoir de rencontrer l'élue grâce à ces outils numériques. Donc, ils

« likent » tout ce qu'ils peuvent, en début ou fin de soirée en rentrant chez eux, et acceptent ce qui se présente sans aucune autre forme de prise de tête. Sans vous gonfler à la testostérone, pourquoi ne pas adopter cette légèreté dans la gestion des rapports humains ? Cela vous permettrait de relâcher la pression.

- Acceptez les plans cul ! Oui, on le sait, vous êtes là pour trouver l'élu. Mais la plupart des mecs vous diront qu'une histoire d'amour commence par un bon plan cul. Aussi, ne vous interdisez pas de vous amuser sous prétexte que vous cherchez le père de vos futurs enfants, obsédée que vous êtes par votre horloge biologique dont les aiguilles semblent tourner de plus en plus vite ! Si le mec vous plaît, mais que vous sentez que ça n'ira pas plus loin qu'une nuit ou deux, couchez avec lui si vous en éprouvez l'envie — cela ne pourra pas vous faire de mal, vous devez juste être au clair avec vous-même — personne ne vous oblige à dévoiler votre stratégie à long terme. En clair, vous avez le droit de vouloir vous amuser ET de rechercher en même temps la perle rare.

- Ne dites JAMAIS que vous cherchez un mec ! Là encore, les sites sont un moyen de trouver votre compagnon, mais aussi et surtout l'occasion de vivre une nouvelle expérience ! À la question « Tu cherches quoi ici ? » (je vous préviens, elle est récurrente), répondez TOUJOURS « Je ne cherche rien de particulier, car je n'ai rien perdu ». Un site ou une appli de rencontre, c'est un peu comme le vide-greniers du quartier. Si vous y allez avec quelque chose de précis en tête, vous êtes presque sûre de ne pas le trouver. En revanche, si vous acceptez de vous laisser surprendre, vous pourrez peut-être dénicher le coquetier qui manquait justement à votre collection.

LES MECS N'AIMENT PAS DU TOUT

« Quand les filles disent "chercher un mec", il y a un côté désespéré et dépressif qui fait super peur. Moi je prends mes jambes à mon cou si je vois qu'elle est trop là-dedans. Évidemment, on n'est pas dupe, tout le monde cherche quelqu'un, mais il ne faut pas trop le montrer. Je préfère largement matcher avec une fille qui ne dit pas ce qu'elle cherche, mais qui montre qui elle est. Si son profil me plaît, j'y vais… et ça même si elle cherche à se caser ! » *Laurent, 44 ans*

« Quand on sent que les filles "cherchent" un mec à tout prix. Elles ont comme un gyrophare sur la tête qui dit "Attention ! Danger ! Ne pas approcher !" Ça fait le même effet que la sirène des pompiers : "Laissez passer, personne en danger à l'intérieur". » *Jérôme, 38 ans*

Le risque n° 3 : devenir addict aux sites

C'est sûr, c'est grisant tous ces hommes à portée de clic, c'est fun… mais c'est surtout complètement addictif. On peut y passer des heures entières et surtout — c'est là le risque — on peut passer sa vie à chercher. Tinder, cette appli lancée en septembre 2012, a d'ailleurs redistribué les cartes en donnant un énorme coup d'accélérateur à la recherche en s'appuyant sur la technique du « zapping ». C'est immédiat, totalement superficiel : J'aime à droite ; Je n'aime pas à gauche. C'est simple comme un jeu. Une fiche en chasse une autre, quasi à l'infini. Et surtout, on est tentée de penser qu'un autre candidat pas encore « matché » est peut-être encore mieux que celui avec qui on discute depuis une heure ! À la moindre sortie de route, au moindre message moins bien tourné, hop, on change de copilote. Du coup, le jeu semble sans fin !

COMMENT SAVOIR SI VOUS ÊTES DÉJÀ ACCRO ?

Vous êtes sérieusement addict si :

Vous ne pouvez pas vous empêcher d'y aller au moins une fois par jour.

Votre premier geste du matin est de découvrir les nouveaux flashes, matches et autres clins d'œil de candidats.

Votre dernier geste de la journée est de faire un tour sur les sites et applis... C'est vrai, quoi, on ne sait jamais.

Dès que vous recevez une notification (« Vous avez un nouveau match », « Georgette, vous avez reçu de super visites/de super likes »), vous vous ruez sur l'appli.

Dès que vous rencontrez quelqu'un qui vous semble pas mal, vous pensez quand même que vous allez pouvoir trouver « encore mieux ».

AGENCE TOUT RISQUE À VOTRE ÉCOUTE ? LA BONNE TECHNIQUE ANTI-ADDICTION

- Respectez strictement des plages horaires quand vous êtes seule chez vous. Par exemple, pas de tchat après 23 heures.
- Ne vous mettez pas sur les applis quand vous êtes en compagnie d'amis, au restaurant, et bien sûr au boulot.

N'oubliez pas la Charte des 10 commandements (particulièrement le premier, p. 61) : gardez les yeux ouverts : sur votre entourage, pas uniquement sur votre téléphone.

- Limitez-vous à deux ou trois checks maximum par jour avec discussion et envoi de messages pendant 15 minutes maximum à chaque fois. Mieux vaut une petite frustration qu'une grosse addiction !

ILS EN PARLENT

« J'avais fait une jolie rencontre. Le problème, c'est qu'elle habitait loin. Du coup, le soir, quand je n'étais pas avec elle, je continuais à aller sur le site. Histoire de tuer le temps. L'histoire avec elle a duré un peu. Mais la distance a eu raison de nous. Aujourd'hui, je suis de nouveau célibataire et sur les sites. » *Farid, 49 ans*

« Un soir, après une soirée Tinder, je ramène la fille chez moi. On fait nos petites affaires... Puis on fume une clope et on prend chacun nos portables. Je me remets sur un site de géolocalisation. Je discute avec une nana, elle a l'air top ! On discute, on discute. Il m'a fallu au moins 15 minutes pour me rendre compte que je tchattais avec... la fille qui était dans mon pieu ! » *Jeff, 42 ans*

Le risque n° 4 : céder à la tentation de sexter (« Voulez-vous sexter avec moi, ce soir ? »)

Le gros piège de ce réseautage ? Les conversations anodines qui peuvent très vite tourner cul. C'est sûr, c'est facile de flirter avec légèreté et sans prendre de risque derrière son écran : on ne voit pas vraiment l'autre, et lui non plus. C'est d'autant plus facile si on utilise un pseudo. Cet avatar de nous facilite le lâcher prise et autorise tous les dérapages. C'est amusant voire grisant de s'inventer une autre personnalité, plus libre, plus libérée, qui ose parler, se dévoiler, demander, érotiser, imaginer... Du coup on se lâche carrément et on se chauffe mutuellement.

Sur le Net, les rapports sont extrêmement directs, beaucoup plus que dans la vraie vie. En un seul clic, on peut passer d'une phrase lambda à un mot tendancieux, voire graveleux, le plus souvent sous couvert d'une blague, d'un jeu de mots... pour voir si l'homme en face est dans le même état d'esprit que nous. Encore que sur les sites et applis, on reste d'abord dans le poids des mots... car une fois les photos et numéros de portable échangés, c'est une autre histoire ! Alors sexter ou pas sexter, telle est la question numérique du jour !

AGENCE TOUT RISQUE À VOTRE ÉCOUTE ? LA BONNE TECHNIQUE POUR SEXTER AU BON MOMENT

- Sachez où vous mettez les pieds. On commence toujours par sexter gentiment, mais on se retrouve vite à recevoir des MMS avec les attributs de Monsieur. On ne s'en offusque pas, on en a vu d'autres, mais c'est très surprenant la première fois, surtout si on n'a jamais vu en vrai ledit Monsieur.

- Sachez où vous mettez les pieds (bis). Quelqu'un qui parle très vite sexe, même sous couvert d'une bonne blague, laisse à penser qu'il recherche plutôt une relation basée uniquement sur le sexe. Ne vous bloquez pas pour autant, mais gardez cela en tête avant de décider si vous souhaitez poursuivre, ou pas.

- Préférez échanger des photos coquines quand vous avez commencé une histoire avec quelqu'un.

- Jouez là encore l'humour. Le rire et l'autodérision restent les meilleurs moyens de sortir de certaines situations... délicates. Monsieur insiste pour recevoir des photos de vous en petite tenue, voire sans ? Demandez-lui s'il veut voir votre chatte, et envoyez-lui la photo d'un chat (le vôtre ou une jolie image trouvée sur Internet) : ça devrait le calmer.

- Protégez-vous. Si malgré nos conseils vous souhaitez jouer à la Kim Kardashian du sexe sur Internet, envoyez vos seins, mais sans montrer votre visage. Une façon d'éviter de vous retrouver sur Google images (imaginez la tête de vos enfants qui découvrent ladite photo !).

Le risque n° 5 : voir des infos intimes divulguées sur la toile

Dans le monde du tout numérique, il est très facile de tracer quelqu'un, de quasi tout connaître de sa vie avant même de l'avoir rencontré. Il suffit pour cela d'aller sur un moteur de recherches, de croiser quelques informations ou de se rendre sur des réseaux comme Facebook, LinkedIn ou Instagram… Pas besoin d'être un hacker dans l'âme pour récupérer de précieuses infos sur la toile à l'insu des personnes.

LES SECRETS LES MIEUX GARDÉS DES MECS

« Avant un rendez-vous avec une fille qui m'avait vraiment plu à travers les échanges et les photos, je l'ai googlelisée à mort, afin de savoir à qui j'avais vraiment affaire. Je ne l'avais pas encore rencontrée que je savais déjà tout d'elle, ou presque. Grâce à son Facebook ou son Instagram, j'avais déjà une assez bonne idée d'elle, de sa vie, de ses hobbies. En tout cas, suffisamment pour savoir si je partais au rendez-vous dans l'optique plan cul ou potentiellement pour une vraie histoire. L'option plan cul, c'est si sa vie ne m'intéresse pas, ni son métier, ses enfants, ses activités. » *Pascal, 49 ans*

AGENCE TOUT RISQUE À VOTRE ÉCOUTE ? LA BONNE TECHNIQUE POUR DONNER DES INFOS, MAIS PAS TROP

- Restez discrète. Un conseil basique mais ça n'est pas inutile de le dire et de le redire : ne communiquez pas toutes vos coordonnées lors des échanges (nom, profession, adresse, Facebook, Instagram, etc.). Sinon c'est un peu les clés de votre vie privée que vous confiez à un inconnu.
- Restez prudente sur les infos non visibles données aux sites ou applis de rencontre : le nom de votre boîte, les études que vous avez suivies... De même, lors des tchats, faites attention aux indices semés petit à petit sans prendre garde : « Je bosse chez Free ». Pas besoin d'être un fin limier pour taper un prénom + le nom de la société + la fonction exercée sur LinkedIn. Un petit tour sur ce réseau professionnel (en mode privé ou pas), et le prétendant numérique peut facilement retrouver votre nom de famille. Il ne lui reste plus qu'à googleliser l'ensemble pour voir un peu tout de votre vie et bifurquer sur Facebook pour découvrir quelques photos de vous et de votre entourage. C'est ainsi qu'avant de vous avoir rencontrée, il a déjà un très bon aperçu de votre situation et de votre quotidien.

ELLES EN PARLENT

« J'ai matché avec un type pas mal, photographe de son état. Je cherchais un plan cul pour l'heure du déjeuner, plutôt à côté de mon bureau. Quand je l'ai vu en vrai, il ne m'a pas du tout plu. Je lui ai dit que je ne voulais pas aller plus loin. Sauf qu'il avait réussi à trouver le nom de ma boîte, mon adresse de boulot, et il est venu m'attendre plusieurs jours de suite devant mon taf. Je l'ai pris pour un psychopathe ! Les fois d'après, j'ai été beaucoup plus prudente. » *Nathalie, 40 ans*

LA DISCUSSION, SÉSAME POUR LA RENCONTRE

Munie de votre assurance tous risques, vous êtes maintenant prête à vous lancer dans l'arène du tchat.

Qui commence ?

De l'avis des coachs en séduction, il vaut mieux laisser l'homme entamer la discussion, car c'est lui qui doit malgré tout vous séduire. Pour celles qui trouvent ça old school, consolez-vous en vous disant que ça vous permettra de faire un premier tri grâce à la première phrase, souvent plus que banale : « Salut, ça va ? » (avec sa variante en pire : « salut, sa va ? »), moins bien qu'une accroche un peu plus sur-mesure, en fonction de votre descriptif par exemple. Ceci étant dit, rien ne vous empêche d'entamer la discussion.

Que dire ?

Le but de la discussion à bâtons rompus est bien sûr de faire un peu plus ample connaissance avec le candidat. En fait, la vraie discussion commence grosso modo au bout du 6e échange. Avant, c'est le classique : « Bonjour ça va ? Tu as quel âge ? Tu habites où ? Tu bosses dans quel secteur ? Ça fait longtemps que tu es sur le site ? Tu as des enfants ? » Vous verrez, au fur et à mesure des échanges, vous affinerez votre entrée en matière. Vous aurez bientôt un discours bien rodé, qui vous évitera de répondre toujours la même chose.

Jouez à ni oui ni non lors des échanges afin de relancer au maximum la discussion et d'en apprendre rapidement un peu plus sur l'autre. Ne tombez pas dans l'excès inverse : trop discuter, trop écrire sur soi, poser trop de questions. Il faut savoir attiser le feu sans l'allumer complètement. Donner envie à l'autre de proposer un rendez-vous afin de ne pas perdre trop de temps derrière l'écran. Et si votre partenaire pose comme question, au bout de trois échanges : « Que dirais-tu d'un petit 5 à 7 demain ? », restez positive : au moins, il a abattu son jeu, vous savez à quoi vous en tenir !

Moralité : attention aux mecs trop pressés de vous rencontrer. Ce n'est peut-être pas uniquement pour vous conter fleurette !

LES SECRETS LES MIEUX GARDÉS DES MECS

« Quand je commence une discussion avec une fille, ce n'est pas super simple de l'accrocher. Si elle répond simplement par "oui" ou par "non", sans jamais relancer, je la zappe, je me dis qu'en face-à-face, ça va être une vraie tannée. » *Laurent, 43 ans*

« Quand j'ai vraiment envie, je m'en fiche un peu avec qui le faire, l'important c'est de le faire, et vite. Alors je tente un direct "Chez toi ou chez moi ?", et franchement, je trouve toujours quelqu'un qui me répond ! » *Pierre, 24 ans*

Comment rebondir à la question classique « Tu fais quoi dans la vie ? »

Dites une phrase qui veut tout dire et rien dire en même temps. 1. vous ne vous dévoilerez pas et 2. vous testerez le degré de réactivité, de jugeote et d'humour de votre correspondant.

Quelques exemples de répliques :

- « Je rends les femmes plus belles de jour en jour » : de conseillère beauté à journaliste beauté sans oublier les coiffeuses et esthéticiennes, il a de quoi faire chauffer ses méninges !
- « Je rends le monde meilleur » : ça peut aller de prof des écoles à conseillère à l'Unesco sans oublier les psys en tous genres...

- « Je vends du rêve à mes clients » : responsable d'agence de voyages, secrétaire dans une succursale de pub...

Que répondre s'il vous propose une rencontre ?

Laissez-le vous proposer une date et décalez d'emblée à J + 1, J + 2 ou J + 3.

Pourquoi ? Cela vous permet d'éliminer les plus impatients, les malotrus, en les laissant un peu poireauter. Restez assez vague sur votre emploi du temps : « Je ne peux pas ce soir » ; « ce soir, impossible » ; « dommage, ce soir j'ai déjà quelque chose de prévu ». Mais faites illico une contre-proposition à la date qui vous arrange, en suivant les étapes clés de la rencontre (chapitre 3). Proposez et attendez. Ne dites plus rien. Attendez. Le candidat qui avait tout l'air du Grand Amour de votre Vie ne se manifeste plus ? Next ! Et consolez-vous en vous disant que vous avez bien fait de ne pas répondre trop hâtivement à ses sollicitations.

DÉCRYPTER LE LANGAGE SECRET DES HOMMES : IL DIT QUE... IL PENSE « QUEUE »

La plupart du temps, l'homme n'utilise pas de langage cru pas plus qu'il n'invite à un 5 à 7 pour vous signifier qu'il n'a qu'une envie : vous sauter ! Et pourtant...

Voici quelques phrases typiques de l'homme qui ne souhaite en aucun cas s'engager dans autre chose que vos draps. Amie de cœur et d'esprit, passez votre chemin : cet homme-là vous le dit clairement, il ne souhaite pas d'histoire avec un grand H.

- « Je ne suis pas prêt à m'engager. »
- « Je sors d'une rupture amoureuse. »
- « Je suis en instance de divorce. »
- « Ma dernière séparation s'est mal passée. »
- « Je n'ai pas la tête à ça actuellement. »
- « J'ai besoin de me changer les idées. »
- « Je ne me suis pas encore remis de ma dernière histoire. »
- « L'engagement pour moi, c'est fini : j'ai déjà donné. »
- « J'aime ma liberté. »
- « Je ne sais pas trop où j'en suis actuellement. »

ET POURQUOI PAS UN PLAN CUL ?

Le mieux, toujours, est d'élargir la discussion, quitte à la resserrer ensuite. Pourquoi ne pas vous établir un cheptel de plans cul disponibles ? Ainsi, si jamais l'envie vous prend en pleine nuit, vous saurez à qui envoyer un petit message en cas de besoin urgent à assouvir. Après tout, tout est une question de feeling et de timing, comme dans la vraie vie ! Ne perdez pas de vue que globalement, tout le monde veut une histoire... de cul ou de cœur... mais tout le monde est en recherche comme vous. Parfois, il faut juste faire preuve d'un peu de jugeote et de beaucoup de patience.

Le mec vient juste de s'inscrire ? Il sort d'un divorce éprouvant ? Il semble logique que ce candidat, même s'il semble parfait pour vous sur l'écran, ne soit pas vraiment disponible dans sa tête. Pourquoi ne pas le garder sous le coude, le laisser papillonner un peu avant de reprendre contact avec lui ? Et en attendant, si vous souhaitez une histoire sérieuse, passez votre tour !

ELLES EN PARLENT

« Quand j'avais un bon feeling avec un mec, j'avais tout de suite envie de m'offrir à lui. Parfois, il me disait "On se fait un resto et après on voit ?" J'avais envie de lui dire : "on voit d'abord ce que ça donne au lit et après on se fait un resto". C'était une période où je doutais beaucoup de moi, de ma valeur, et ma précédente rupture m'avait laissée K.-O. » Sophie, 44 ans

LES CONSEILS DU PRO

NICOLAS DOLTEAU, COACH EN SÉDUCTION

« Même s'ils ne l'avouent jamais, tous les hommes cherchent à se recaser, d'une manière ou d'une autre. Apprenez donc à lire entre les lignes : c'est souvent une question de bon moment. À vous de voir si, en face, l'homme n'est pas encore prêt à se recaser ou si au contraire, il a assez baroudé sur les sites de rencontres pour avoir de nouveau envie de se poser un peu... »

Avec qui ne PAS discuter ?

NIVEAU D'ALERTE 1 : RISQUE FAIBLE

Certains profils sont définitivement à fuir ! Comme vous êtes encore novice et fraîche dans le monde de la rencontre virtuelle, voici un petit up-date à apprendre par cœur pour devenir une experte de l'amour en ligne !

▶ Le profil qui parle sexe au bout de trois échanges : j'y vais ou j'y vais pas ?

J'y vais : si j'ai envie d'un plan cul immédiat. Mais les risques de tomber sur un mauvais plan cul d'un soir sont forts. Mieux vaut parfois capitaliser sur des plans cul réguliers, plus sûrs. Pas convaincue ? Pensez toujours au lendemain matin : comment allez-vous gérer... ce moment d'égarement ? Plutôt bien ? Dans ce cas, foncez ! Vous ne savez pas trop ? Sans hésitation, passez votre tour !

La phrase qui tue : « Est-ce que tu suces ? »

Les mecs ne doutent de rien ! Cette phrase est un exemple parmi d'autres de messages envoyés. Euh... bonjour non, avant ?

⚠ Certains profils sont plutôt sages sur les sites et les applis, mais se lâchent complètement quand ils ont votre 06 : « C'est moiiiii ! », suivi d'un MMS avec ce qui fait la spécificité du gars : son sexe en gros plan. Pas forcément mis en valeur en plus !

La bonne option ? Prenez un plan cul « complet » (tête + sexe) : c'est bien plus sympa et stimulant qu'un semi-plan cul (sexe sans tête).

Tout dépend bien sûr de vos envies au moment présent, mais comme me l'a dit la sexothérapeute Claudie Caufour : « La relation n'est que ce qu'on lui donne comme écrin. On prend beaucoup moins de risque d'attendre et de faire attendre que de céder à la première demande ou à la première tentation, si on est là pour du sérieux. »

▸ Le profil qui s'invite chez vous (il a besoin de recharger sa batterie...) : j'accepte ou j'accepte pas ?

J'accepte : si et seulement si je pense vraiment qu'il n'y a pas 1 001 façons aujourd'hui de recharger son téléphone.

La phrase qui tue : « Je suis bientôt à plat ? Tu accepterais de me recharger ? »

La bonne option ? Envoyer un lien audit profil avec des images de recharge de poche disponibles sur le marché. Avec un peu de chance (ou de malchance), il va les confondre avec des sex-toys et va vous trouver très coquine.

N.B. : Pour info, le profil en manque de batterie n'a évidemment plus jamais donné signe de vie. Je n'ai quant à moi aucun regret d'avoir refusé de servir de recharge batterie.

▶ Le profil qui parle de son ex dès les premiers échanges : je continue la conversation ou j'abrège ?

Je continue la conversation : si j'ai envie de me reconvertir en psychologue ou infirmière.

La phrase qui tue : « Je vis encore chez mon ex, mais c'est temporaire. »

La bonne option ? Si le profil vous plaît vraiment, attendez quelques semaines/mois/années qu'il ait réellement fait son deuil.

▶ Le profil inscrit depuis longtemps qui n'a jamais fait de rencontre dans le réel : je poursuis ou je ne poursuis pas ?

Je poursuis : si je pense vraiment pouvoir faire passer un homme qui se contente de relations platoniques dans un monde virtuel dans le monde réel. Car le pourcentage de chances de réussite est infime. Certains hommes ont juste besoin de combler leur sentiment de solitude ou de se rassurer sur leurs capacités de séduction. Ils ne sont vraiment pas en quête sexuelle, juste en quête de séduction. Ce qui les excite ? Séduire sans consommer. Comme disait Georges Clemenceau : « Le meilleur moment de l'amour, c'est quand on monte l'escalier. » Ce type de profil, justement, reste dans la cage d'escalier !

La phrase qui tue : « Je veux apprendre à te connaître à fond avant de te rencontrer. Je suis super timide. »

La bonne option ? Ne restez pas focalisée sur ce profil qui squatte littéralement l'écran et pompe beaucoup d'énergie. Ouvrez votre champ de discussion sur d'autres profils.

L'AVIS DE LA PRO

CLAUDIE CAUFOUR, PSYCHO-SEXOTHÉRAPEUTE

« Ces chasseurs modernes érotisent la rencontre au maximum. Ils avancent le plus souvent derrière de faux profils, ils cherchent uniquement à séduire, la coucherie ne les intéresse pas. C'est un jeu de séduction... sans conséquence et surtout sans lendemain. Il peut s'agir d'un homme marié bien sûr, mais aussi d'un homme qui rencontre des difficultés émotionnelles ou sexuelles. Ils n'ont pas l'intention d'aller plus loin, ce stade de la séduction leur convient amplement. À l'inverse, un homme qui veut "coucher" va lui presser au maximum la rencontre. »

▶ Le profil à l'ego surdimensionné, incapable de commencer une phrase sans « Moi, je » : je prends ou pas ?

Je prends : si je pense pouvoir supporter de toujours passer au second plan et d'être entièrement dévolue à sa petite personne.

La phrase qui tue : « Moi, je pense que je pourrais vraiment te plaire, car je suis un homme charmant et j'ai vu les profils des autres mecs, au secours ! »

La bonne option ? Dire « next » et choisir un profil un peu plus bienveillant, même si physiquement c'est le Brad Pitt ou le George Clooney de vos rêves.

NIVEAU D'ALERTE 2 : RISQUE MARQUÉ

Warning, warning ! Certains profils vous attirent comme des guêpes enivrées par un pot de miel. Du genre aimant à emmerdes, du genre qui vous fait littéralement craquer, mais qui vous laisse en miettes. Du genre diplômé en « ard » (queutard, bâtard, connard), mais, en bref, du genre que vous devez absolument fuir.

▶ Le profil « aimant à emmerdes » : j'évite ou j'évite pas ?

Sans tergiverser, vous évitez !

Comment l'éviter ?

C'est plutôt simple. Il vous faut une feuille de papier, un crayon et un petit moment de réflexion au calme. On est toujours attirée par le même genre d'hommes. Il est donc important d'identifier la bête afin d'éviter de retomber dans ses crochets. Surtout si, jusqu'à présent, vos ex vous ont laissé plutôt des mauvais souvenirs. Donc, sur une feuille, répertoriez les hommes qui ont vraiment compté pour vous. Peu importe le nombre. Ça y est ? Ils sont inscrits sur votre liste ?

Maintenant, cherchez le point commun entre eux, à part vous. Il y en a forcément un, cherchez. Vous tombez tout le temps sur des coureurs de jupons ? Des fils à papa ? Des joueurs ? Humm, humm... et si le problème venait de vous ? De vous, ou plutôt... de votre aimant-qui-attire-que-des-hommes-à-emmerdes ?

Avant de vous lancer de nouveau dans votre quête effrénée du prince charmant/coureur de jupons/fils à papa/joueur, offrez-vous une rapide mais efficace introspection afin de

« démagnétiser » votre aimant. Car attention, l'aimant à emmerdes est plutôt du genre gros malin. Ainsi, le point commun entre vos ex peut sembler de prime abord complètement antinomique.

Par exemple : vous êtes plutôt du genre à attirer des « profiteurs », c'est le point commun de vos anciennes conquêtes (et donc votre ennemi public n° 1 maintenant). Mais derrière l'étiquette « profiteur » peut aussi se cacher un radin comme quelqu'un de très généreux. Dans les deux cas, en bon aimant à emmerdes, il profitera de vos largesses. À vous de ne pas vous tromper de cible. Car ce n'est pas le radin votre aimant à emmerdes ! C'est le profiteur, qui englobe aussi bien le pire des radins que le rentier fauché mais très généreux... tant que ce n'est pas son argent ! Bien entendu, on n'est pas en train de dire que tous les généreux ou les radins sont des profiteurs.

Prenons un autre exemple. Vous attirez les « dépressifs ». Vous en avez conscience, et vous souhaitez que cela change. Vous cherchez à repérer les dépressifs « négatifs » qui voient tout en noir et, facile, qui portent sur leur front un post-it « fermé pour cause de dépression ». Très bien. Votre radar vous guide naturellement vers des hommes qui, de prime abord, ne semblent pas être en dépression. Qui sont même joyeux, funs, qui aiment la nouba jusqu'à pas d'heure, de vrais noctambules à qui la vie sourit... Avec eux, « la vie est une fête. » Attention ! Derrière cette allégresse se cachent souvent des dépressifs « positifs », qui alternent les périodes très up, hautes (c'est la fête) et des périodes très down, basses (c'est le cauchemar). Deux faces d'un même aimant à emmerdes. Vous avez saisi la nuance ?

LES PIRES DÉPRESSIFS

- *les pervers manipulateurs*
- *les idiots*
- *les menteurs*
- *les bad boys*
- *les alcooliques*
- *les infidèles*
- *les joueurs*
- *les sans-le-sou*
- *etc.*

Y a-t-il une bonne équation pour trouver le bon ?

Votre aimant à emmerdes a été identifié, alors fuyez-le et laissez-vous surprendre par les autres ! Une fois le ou les points communs entre vos ex découverts, tracez un trait pour former deux colonnes ; dressez dans la colonne de gauche une liste de leurs défauts et ajoutez à la suite les défauts qui vous semblent, à vous, d'une manière générale, rédhibitoires. À côté, dans la colonne de droite, établissez une liste des qualités que vous recherchez en priorité chez quelqu'un.

Ça donne l'équation suivante :

PORTRAIT DES EX
+
LISTE DES DÉFAUTS À FUIR
+
LISTE DES QUALITÉS À PRIVILÉGIER
= ALLÉLUIA !

Voilà, vous avez, noir sur blanc, le portrait-robot de votre modèle idéal d'homme à trouver ! On dit bien « portrait-robot ». Dans la réalité, il ne sera pas exactement identique à l'équation, mais il s'en rapprochera au maximum.

Petit aparté : oui, c'est vrai, on est contre l'idée de faire des cases et d'essayer coûte que coûte d'y faire entrer l'homme parfait au chausse-pied ou au forceps. Mais comme pour toutes les règles grammaticales, il y a là aussi des exceptions. Peu importe que votre homme idéal soit physiquement blond, grand, petit, costaud : ça, c'est une question de goût, et chacun a les siens. Mais pour vous assurer une histoire pérenne et surtout sereine, vous devez trouver un homme qui corresponde vraiment à vos attentes profondes, et éviter d'attirer les nuisibles. Donc, focalisez-vous sur une chose pendant votre étape de réflexion : quelle serait la qualité première de votre homme idéal ? Après, c'est beaucoup plus simple de faire le ménage dans les candidatures.

VOUS RECHERCHEZ...

- *de la bienveillance ?* ▶ *Fuyez les égocentriques.*
- *de la générosité ?* ▶ *Fuyez les radins.*
- *de la gentillesse ?* ▶ *Fuyez les torturés.*
- *de la sociabilité ?* ▶ *Fuyez les introvertis.*
- *des gens positifs ?* ▶ *Fuyez les dépressifs.*

C'est toujours beaucoup plus facile de chercher un homme dont les qualités correspondent à nos valeurs, que d'essayer de transformer un homme. Vous connaissez l'adage « Chassez le naturel, il revient au galop » ?

Évitez de tomber dans l'excès inverse en lui « collant » des qualités que votre candidat n'a pas. Je m'explique : vous recherchez quelqu'un de gentil ? Dans cette optique, vous pouvez être tentée, par exemple, d'interpréter certains signaux comme de la gentillesse, alors qu'il ne s'agit en fait que de politesse. Votre objectif final (trouver l'homme qui vous convient) ne doit pas aveugler votre jugement. Restez clairvoyante et totalement lucide.

PEL (Plan Épargne Love), mode d'emploi

J'avoue, réussir son PEL, c'est parfois plus compliqué qu'une simple équation : car comment trouver le défaut principal mais aussi la qualité première de votre nouveau compagnon ?

Dans une optique épargne, inutile de perdre du temps, de gaspiller de l'énergie avec des hommes avec qui de toute façon vous n'allez rien construire.

D'accord pour voir le grand tatoué dépressif, mais sans vous perdre dans le « Oh mon Dieu qu'il est beau quand il va bien... ». Ne vous investissez pas trop émotionnellement, restez dans le purement physique, c'est largement suffisant. Oubliez l'idée de le transformer d'un coup de baguette magique de l'amour. Envisager de modifier le caractère profond de quelqu'un, c'est comme vouloir enlever tous les tatouages de Johnny Depp. Autant dire sans espoir. C'est 1. Mission impossible. Un caractère c'est comme un tatouage, c'est indélébile. Et 2. Ça ne rime à rien : Johnny Depp sans ses tatouages, ce n'est plus vraiment Johnny Depp.

Je vous sens tout énamourée à parler de Johnny Depp ! Revenons-en au sujet du moment : la mission essentielle quand vous rencontrez quelqu'un qui vous plaît vraiment, c'est de chercher son défaut principal mais aussi sa qualité première. À savoir LE défaut qui va vous hérisser le poil dans à peine quelques mois, et LA qualité qui va vous permettre de rester dingue de lui malgré les tempêtes de la vie. La bonne nouvelle, c'est que les sites et applis ne biaisent pas les composantes de la personnalité, mais tendent au contraire à les renforcer. Ainsi, les obsédés et autres queutards ont plus de facilités pour enchaîner les conquêtes, et les lourdingues de la drague sont encore plus directs dans leurs échanges.

Alors, têtu, colérique, jaloux, égoïste ou surtout positif, honnête et bienveillant ? Pour le savoir, posez-lui les bonnes questions. Finaude comme vous êtes, vous n'allez pas lui demander quel est son défaut : cela ne rimerait à rien, car il va sans aucun doute détourner votre attention. Il peut par exemple dire qu'il est gourmand, alors que son vrai défaut est l'avarice. Si, par exemple, vous fuyez les radins, posez-lui quelques questions détournées et analysez ses réponses : est-ce qu'il laisse régulièrement un pourboire ? Est-ce qu'il parle souvent d'argent ? Etc.

Ne perdez pas non plus de vue que lors de la première rencontre (et des semaines qui suivent), chacun se met à son avantage. Il faut donc la jouer Sherlock Holmes ! Une fois le défaut identifié, confirmez vos soupçons en invoquant des situations (réelles ou inventées) pour connaître sa réaction. Par exemple : « Ma voisine a trouvé un portefeuille dans la rue. Tu sais ce qu'elle a fait ? Elle l'a déposé au commissariat sans même regarder s'il y avait de l'argent dedans. Je ne sais pas si j'aurais été aussi honnête. Et toi ? »

La question à poser rapidement

Plutôt que de demander naïvement « Quels sont tes défauts ? », préférez « Comment te définis-tu ? » Tout de suite, cela permet de sonder la personne en face, de voir surtout comment elle se perçoit. En cas de blocage (ça arrive), demandez-lui ce que pensent ses amis de lui. Cela pourra l'aider à trouver quelques qualités. Lors des échanges suivants, aiguillez la discussion pour vérifier les prétendus traits de caractère du candidat. La rencontre en chair et en os permettra ensuite de confirmer ou pas vos soupçons.

Provoquez-le sur le ton de l'humour. Sans dramatiser, vous pouvez mettre sur le tapis certaines problématiques qui vous tiennent à cœur pour voir ses réactions. Par exemple, si l'appartenance politique est un critère rédhibitoire pour vous, testez son degré d'engagement. « Je suis fatiguée en ce moment à cause des travaux dans ma rue. La mairie y construit des logements sociaux. Je ne sais pas trop si c'est bien ou pas. » Vous allez tout de suite voir sa réaction, surtout s'il est engagé politiquement.

Pour savoir ce que son entourage lui reproche le plus souvent, demandez-lui s'il s'est déjà fâché avec quelqu'un suite à une remarque le concernant. Ou interrogez-le pour savoir si on lui a donné d'éventuels surnoms, ce que lui reprochent le plus souvent (et le plus injustement bien sûr) ses enfants. N'hésitez pas à vous livrer pour délier les langues : « Mes enfants disent que je râle tout le temps, ça me fait rire car ce n'est pas tout à fait vrai… » Moralité : ouvrez l'œil… et l'oreille !

NIVEAU D'ALERTE 3 : RISQUE TRÈS FORT

Certains profils sont plus difficiles à détecter que les précédents et peuvent vous donner du fil à retordre. En cherchant la principale qualité du candidat, vous pensiez être parée, armée comme la Princesse Leia dans Star Wars ? Eh bien pas encore ! Car le monde virtuel de la rencontre, en perpétuelle évolution, s'adapte au jour le jour aux démons de minuit 2.0.

▶ Les ghosteurs, nouveaux prédateurs du Net : je me laisse cueillir ou je ne me laisse pas piéger ?

Le profil : il cherche sur le Net des oies blanches.

Son obsession : coucher, puis disparaître.

Son signe particulier : la patience ; il sait qu'elle va être récompensée.

Ces prédateurs des sites et applis de rencontres, dont la devise pourrait être « je viens, je baise et je disparais », étant tellement nombreux, ce phénomène porte désormais un nom : le ghosting, de l'anglais ghost (fantôme).

En clair, les sites regorgent de ghosteurs qui n'attendent qu'une chose : arriver à leurs fins (on ne vous fait pas un dessin) avant de vous ghoster, c'est-à-dire vous faire littéralement disparaître des écrans. Plus de sons, plus d'images ! Le ghosteur supprime l'affinité avec vous ; du coup, vous n'avez plus aucun moyen de le joindre. C'est devenu un « fantôme », même l'historique des messages a disparu !

C'est très facile de « ghoster » avec les possibilités actuelles de « blocage » des numéros par exemple sur nos smartphones de plus en plus perfectionnés. Pas de panique, comme dans le film

Ghostbuster, il y a des techniques infaillibles pour détecter et déloger un ghosteur avant même qu'il ne mette un orteil dans votre vie !

L'AVIS DE LA PRO

NATHALIE GIRAUD-DESFORGES, SEXOTHÉRAPEUTE

« Il ne faut jamais oublier qu'à l'heure de l'amour digital, des prédateurs rôdent. Et qui dit prédateur, dit proie. Pour éviter de tomber dans un piège de ghosteurs, il faut apprendre à les repérer et donc se méfier. »

Comment ne pas me laisser piéger ?

Méfiance, méfiance :

- Si vous avez l'impression que tout ça « est trop beau pour être vrai ». En effet, c'est louche.
- Si la personne reste vague sur son lieu de travail, son domicile, ses déplacements, son emploi du temps. En effet, c'est louche.
- Si l'homme arrive à lire dans vos pensées pour vous satisfaire. Pire, s'il anticipe vos moindres désirs. En effet, c'est louche.
- Si l'élu du site (et peut-être déjà de votre cœur) se comporte comme un prince charmant : attentif, attentionné et très présent. En effet, c'est louche.
- Si votre prétendant porte beaucoup (trop) d'intérêt à votre petite personne, mais ne se dévoile pas (trop). En effet, c'est louche.

- Si votre soupirant refuse de vous présenter son cercle de proches, sous des prétextes fallacieux. En effet, c'est louche.
- Si votre prétendant part souvent « en voyages d'affaires », sans précision aucune. En effet, c'est louche.
- Si votre love candidat a toujours une excuse valable pour ne pas faire ce que vous voulez, mais arrive toujours à ses fins en vous faisant croire que c'est vous qui décidez. En effet, c'est louche.

Le ghosteur d'aujourd'hui, c'est un peu l'homme fumeur d'hier qui descendait acheter des cigarettes et... ne revenait plus jamais ! Malgré les effets positifs de la loi Évin, il y a bizarrement de plus en plus d'accros au tabac et en manque de clopes sur les sites de rencontres !

▶ Les hommes mariés avec un grand M : je tente ou je ne tente pas ?

Sans surprise, ils pullulent sur les sites, une véritable plaie !

Le profil : il cherche des partenaires de jeux (dans le réel, mais pas forcément).

Son obsession : coucher, sans pour autant disparaître.

Son signe particulier : son indisponibilité. Forcément.

Il est encore plus fréquent que les ghosteurs. Il se dit « libre dans sa tête. » Oui, oui... mais seulement dans sa tête ! Sa moitié ne se doute pas une seconde qu'il est inscrit sur les sites. C'est incroyable le nombre de mecs en colocation... avec leur femme ! C'est d'autant plus énervant qu'il existe un site spécialisé dans les aventures extraconjugales, qui rencontre un plein succès (voir chapitre 1).

Son message qui tue : « Je vais être franc avec toi. Ce qui ne doit pas toujours être le cas ici. Je suis marié. Attention, je ne cherche pas un plan d'un soir ou une maîtresse. Mais plutôt rencontrer de nouvelles personnes que je n'aurais jamais rencontrées par ailleurs. Sortir, discuter, rire. Mon mariage est une sorte de naufrage. Je me rends compte que je travaille beaucoup, mes amis sont aux quatre coins du monde, je ne sors plus, je ne m'amuse plus... J'ai besoin d'un déclic pour changer de vie. »

Des messages comme celui-là, vous risquez d'en lire souvent ! Bien sûr, l'homme marié n'envoie pas cette déclaration au premier message, mais seulement au bout de quelques échanges, quand le crush semble prendre.

Pourquoi il ne faut pas y aller :

Si vous souhaitez autre chose qu'un plan d'un soir, que vous souhaitez-vous (re)caser, fuyez ! Pourquoi ?

- Parce qu'il ne quittera jamais sa femme.
- Parce que vous allez passer vos prochains anniversaires, Noëls et autres jours de l'An, sans parler de vos week-ends et vacances, seule à l'attendre.
- Parce que vous n'avez pas le droit de lui envoyer des SMS pendant ses moments en famille.
- Parce qu'il ne veut plus d'enfants (même si vous, vous en voulez).
- Parce qu'il ne veut pas rencontrer vos enfants (si vous en avez).
- Parce que, contrairement à lui, vous devez être 100 % disponible pour ne pas rater ses rares moments de liberté.

LE GRAND TEST : HOMME À MARIER OU HOMME MARIÉ ?

1. L'Homme envoie des SMS uniquement aux horaires de bureau.

   ☐ Homme à marier ? ☐ Homme marié

2. L'Homme est très souvent « en déplacement », mais on ne sait pas vraiment dans quelle région et encore moins dans quel secteur il travaille...

   ☐ Homme à marier ? ☐ Homme marié

3. L'Homme ne communique JAMAIS le week-end.

   ☐ Homme à marier ? ☐ Homme marié

4. L'Homme est « en train » de se séparer/de divorcer.

   ☐ Homme à marier ? ☐ Homme marié

5. L'Homme dit faire « chambre à part ».

   ☐ Homme à marier ? ☐ Homme marié

6. L'Homme, âgé de plus de 40 ans, vit « en colocation ».

   ☐ Homme à marier ? ☐ Homme marié

- Parce que vous risquez malheureusement de tomber amoureuse (et donc de ne plus être disponible pour des hommes charmants et libres, eux !).
- Parce qu'il raconte des salades des deux côtés pour pouvoir disposer de son temps comme il l'entend.
- Parce qu'il est impossible de faire confiance à un tel homme.

• Parce que très vite, vous n'allez pas vous sentir à l'aise dans votre rôle quand Madame Culpabilité va venir sonner à votre porte.

▸ Les obsédés du rencard : je les rencontre ou je ne les rencontre pas ?

À une autre époque, on les appelait les dons Juans. Aujourd'hui, on pourrait les nommer les e-dragueurs.

Le profil : pour lui, le Net est clairement un moyen supplémentaire de lui permettre d'assouvir son besoin de draguer à tout bout de champ tout ce qui lui passe sous le nez.

Son obsession : remplir son agenda de rendez-vous galants pour se créer un petit harem de femmes disponibles pour embrasser et coucher très vite sans pour autant disparaître.

Son signe particulier : son aisance sur le Net. À force, il maîtrise l'outil et connaît le moindre rouage. Il sait engager la conversation, mener la danse, et propose très vite un rendez-vous. Il va droit au but sans perdre de temps dans des discussions sans fin.

Ses tactiques

Il en a une tonne dans son escarcelle.

• La phrase d'attaque (toujours la même) qui fait mouche

Sur Tinder par exemple, à chaque fois qu'une affinité se crée entre deux candidats, l'écran indique « It's a match » avec les deux photos de profil. Ça donne, comme phrase d'attaque récurrente sur Tinder : un « Bim, it's a match, j'adore ce jeu. »

C'est une façon simple et toujours identique d'engager la discussion en décrispant la conversation et en mettant en avant son second degré. Il peut aussi lancer un timide « bonjour », pour voir le degré de réaction en face.

• L'art de relancer la discussion

À ce jeu-là, l'e-dragueur est très fort : il sait lancer des phrases qui plaisent aux femmes comme : « En deux mots, comment tu arrives à me faire rêver... »

Resaisissez-vous !

• L'humour

L'e-dragueur sait convaincre la femme de venir prendre un verre, en maniant l'humour de circonstance. Par exemple, il lui dit : « Personne ne m'a encore adopté » sur Adopte Un Mec. Ou il rebondit sur le métier qu'il exerce ou qu'elle exerce en parlant, par exemple, d'un « délai de réflexion » ou « de rétractation », en référence au poste occupé (agent immobilier, banquier).

Son unique but ? Vous amadouer et vous donner envie de passer à l'étape rencontre.

• Le ferrage, en solo

En cinq étapes, toujours les mêmes : 1. Ferrer sa proie. 2. Discuter. 3. Attendre. 4. Revenir. 5. Ne pas lâcher.

Une technique d'autant plus facile que sur les sites et applis, on peut voir quand vous êtes connectée.

• Le ferrage, en groupe

En trois étapes : 1. Lancer un grand filet de pêche. 2. Ramasser plusieurs sirènes en manque de mâle. 3. Gérer au mieux les rendez-vous en les étalant sur plusieurs jours. Le nombre a l'avantage de créer un filet de sécurité et de permettre au dragueur d'arriver à son but dans tous les cas.

⚠ Ne tombez pas dans ce piège !

• Le carnet de bal bien rempli

L'e-dragueur vous propose un verre + resto... dans 7 jours. 7 jours ? Ben oui, c'est que d'ici là, il a d'autres candidates à satisfaire.

⚠ S'il vous plaît et qu'après quelques échanges, il vous trouve finalement intéressante, bien entendu, il va trouver de la place dans son agenda de ministre. Mais on vous aura prévenue...

• Le double rencard

Pour ne pas risquer de se retrouver planté, l'e-dragueur, en vrai goujat, prend souvent deux rendez-vous en même temps...

⚠ ... quitte à en annuler un à la dernière minute.

• Le chaud/froid

Il envoie des messages, plein de messages même, et des messages plutôt sympas. La discussion est vraiment cool. Il obtient vite votre 06. Puis silence. Puis réapparition. (Re)Messages effrénés. (Re)Silence. Vous, de l'autre côté, vous ne savez plus trop comment gérer ces up and down de température. Mais à force, vous n'avez plus qu'une envie : le voir ! Il suffit qu'il vous le demande et vous rappliquez illico presto n'importe où, n'importe quand.

⚠ Si vous sentez que vous subissez la relation, même épistolaire, que c'est lui qui décide quand et comment, votre voyant warning doit s'allumer !

• Le genre mec « pas facile »

C'est tout simplement... le contraire de la fille facile. Du moins le fait-il croire, car sa tactique est évidemment de vous mettre dans son lit. Mais il ne l'annonce pas comme ça de but en blanc. Donc il dit l'inverse. Malin non ? Vous n'y voyez que du feu, et en moins de temps qu'il n'en faut pour l'écrire, vous êtes dans son lit. Ça donne : « Ça me fait quelque chose de rencontrer quelqu'un comme toi. Cela fait tellement longtemps que j'attends ça. J'ai très envie de te faire l'amour *(il ne va pas dire « baiser » qui est pourtant son intention première)*, mais je trouve que ça fait trop plan cul si on y va maintenant. »

⚠ Comment ne pas être rassurée par ses belles paroles ? Il vient de vous dire que vous n'étiez pas un plan cul ! Séduite, vous lui proposez contre toute attente et contre tous vos principes de croquer la pomme (avec le ver), maintenant. Il a bien réussi son coup non ?

• La maîtrise du temps

L'e-dragueur n'est pas affamé puisqu'il consomme très régulièrement. Il a donc le temps. Et il prend son temps. L'art de sa drague, c'est un peu la technique de la pêche à la ligne. Le mec a plusieurs lignes en cours, il voit où ça mord et décide de relever la canne à pêche... ou d'attendre encore. Il est malin, car malgré ses périodes de silence, il gère le suivi de la discussion, il reprend le tchat là où il l'a laissé la dernière fois. C'est tout à fait déconcertant, car il donne l'impression d'être totalement investi dans la relation épistolaire.

⚠ Si vous ressentez une irrégularité dans ses messages, dans son attitude, vous avez, à 90 % des cas, affaire à un e-dragueur.

• Une histoire sans (réelle) fin

L'e-dragueur ne met jamais un vrai terme à une histoire. Normal, il a toujours besoin de son harem en cas de désistement de dernière minute. Donc il maintient les candidates au chaud, sans pour autant insister pour vous revoir dans l'immédiat, mais sans vraiment couper les ponts non plus (on ne sait jamais, vous pouvez toujours lui servir !).

⚠ Franchement, attendre votre tour et être choisie parce que l'autre n'est pas dispo, c'est ça dont vous rêviez ?

Comment le démasquer ?

En créant un deuxième profil en cas de gros doute sur la sincérité du candidat. Si le mec sort le même baratin au mot près à chaque fois, et ceci alors qu'il vous a déjà rencontrée dans la vraie vie, ce n'est évidemment pas très bon signe ! Lâchez l'affaire !

Vous pouvez aussi demander à une copine complice d'aller voir son profil et de discuter avec lui. Ça marche aussi !

ILS EN PARLENT

« À un moment, je draguais à tout-va. J'avais ma technique d'accroche, toujours la même. Un jour, j'ai matché avec une fille. Elle avait l'air bien. On s'est vus. Elle était vraiment top. Mais je n'avais pas la tête à me caser dans une vraie histoire. Au lieu de lui dire la vérité, j'ai fait mon kéké. Bref, elle a dû avoir des doutes. Peu après, sur le site, j'ai matché avec un autre profil. Je lui ai sorti le même baratin. Manque de bol pour moi, la fille en question s'était créé un deuxième profil, pour vérifier à qui elle avait affaire ! Une fois démasqué, elle m'a dit que j'étais vraiment un gros naze. Et je n'ai plus jamais eu de nouvelles. Ça m'a servi de leçon ! » ***Julien, 33 ans***

LES SECRETS LES MIEUX GARDÉS DES MECS

« Même si je ne veux surtout pas me caser, j'ai trouvé la bonne technique pour contourner la traditionnelle question piège : "Tu cherches quoi ?" Je réponds toujours : "Je ne cherche pas du fixe à 100 %, mais si le feeling passe, pourquoi pas ?" Cela laisse une porte entrouverte. En tout cas, elle peut le penser, et c'est le plus important. » *Nicolas, 44 ans*

LA BONNE TECHNIQUE POUR DRAGUER ET SE FAIRE (BIEN) DRAGUER

Une fois ce mapping des possibles bien en tête, étudié en long, en large et en travers, vous pouvez chasser et vous faire chasser en toute tranquillité. Maintenant que vous connaissez les différents cas de figure à éviter, vous pouvez avancer vos pions, en n'oubliant pas toutefois que les candidats redoutables avancent masqués. Vous n'allez pas après tout ça tomber dans la gueule du loup hein ? Vous avez compris et mémorisé la leçon ? Alors il n'y a plus qu'à vous laisser faire. Ou du moins, laisser croire que vous vous laissez faire...

Trouvez l'âme sœur plus rapidement, sans vous faire dévorer bêtement !

OUVREZ VOS CHAKRAS

Sur Internet, le processus de rencontre est biaisé par l'aspect cases et critères. Il y a même des sites avec un menu déroulant « Yeux verts uniquement, plus d'1 m 80 requis » !

Pourquoi ne pas vous laisser surprendre par des critères physiques qui ne sont pas forcément vos préférés ? Ne vous focalisez pas sur un physique prétendument idéal, élargissez votre champ de recherche. Et puis un candidat peut ne pas être photogénique, alors ne vous fiez pas uniquement aux photos, surtout aux selfies pris dans l'ascenseur !

- Intéressez-vous davantage aux mecs qui ne savent pas vraiment e-draguer.

Tous ceux qui ne manient pas parfaitement la technique pour appâter la fille peuvent être au final des profils plus intéressants que les profils plaies du Net (ghosteurs, dragueurs, hommes mariés...).

POSEZ RAPIDEMENT LA QUESTION DE LA TAILLE

On évite tout quiproquo tout de suite : gare aux candidats physiquement plus petits que vous. N'est pas Jean Dujardin dans *Un homme à la hauteur* (de Laurent Tirard) qui veut.

NE VOUS MÉLANGEZ PAS LES PINCEAUX

En général, on ne donne pas son nom de famille lors de l'échange de numéro de portable (sinon, c'est trop facile de googleliser la personne). Du coup, on retrouve dans ses contacts des Paul, Pierre, Jacques, sans autre indication. Alors, pour éviter d'envoyer un SMS *caliente* à Vincent du service comptable alors qu'on visait Vincent de Tinder, voici trois possibilités pour ne pas faire de gaffe :

1. Noter Vincent Tinder ou Tinder Vincent.

Avantage : impossible de se tromper.
Inconvénient : quand son nom s'affiche sur l'écran de son téléphone, c'est moyen.

2. Préciser Vincent de T/Vincent de M/Vincent de A.

Avantage : ça évite de se mélanger les pinceaux si vous êtes

inscrite sur plusieurs sites.
Inconvénient : on va penser que vous êtes de la haute avec tous ces noms à particules...

3. Écrire simplement Vincent en capitales.

Avantage : c'est discret.
Inconvénient : on ne situe pas toujours le Vincent exactement. Valable uniquement si vous ne papillonnez pas d'un site à un autre.

RESTEZ POLIE ET FUYEZ LES MALPOLIS

OK, on est dans le monde numérique, mais quand même... N'oubliez pas l'essentiel : la politesse. Bonjour, bonsoir, merci, à bientôt et surtout... au revoir ! Si la personne en face n'est pas capable de faire preuve de politesse, vous pouvez imaginer sans peine quel est son comportement dans la vraie vie.

MA CHARTE DE CONDUITE 2.0

Les 3 règles d'or avant d'accepter un plan cul

1. LE PLAN CUL, TU SAURAS RECONNAÎTRE.

Vous pouvez l'appeler l'ami de la couette, le sex-friend, le plan couette ou le PCR (le plan cul régulier) : le plan cul, c'est celui qui permet de maintenir votre libido active sans vous promettre aucune relation sérieuse ni suivie.

Votre candidat a tout du plan cul quand :

- Il place très vite la conversation autour du cul et tous ses dérivés (lit, Kama Sutra, dernière fois que vous avez vu le loup, etc.).
- Il vous parle très vite de « plan cul ».
- Il ne recherche « vraiment rien de sérieux » (il le souligne plusieurs fois).
- Il ne dévoile pas grand-chose de personnel (le strict minimum).
- Il ne parle de rien de profond dans la discussion.
- Il vous envoie dès les premiers échanges un « Chez toi ou chez moi ? »

- Il précise sur sa fiche « OK pour plan cul ». Au moins c'est clair.
- Il montre des photos de lui torse nu, en caleçon... Jamais de visage, c'est un homme tronc.

2. ACCEPTER UN PLAN CUL, TU POURRAS.

Un plan cul de temps en temps, ça n'a jamais fait de mal, alors pourquoi pas ? « C'est hygiénique », comme disaient nos grands-mères. En revanche, enchaîner plans cul sur plans cul (et jamais le même), ce n'est pas terrible pour l'estime de soi. Un plan cul, c'est un peu comme quand on boit. « Un verre ça va, trois verres, bonjour les dégâts ! » Quand on descend seule une bouteille, si sur le coup ça peut faire du bien, le lendemain, on se sent super-ultra-mal, et surtout pire que la veille !

Si aujourd'hui on n'attend pas d'avoir la bague au doigt pour passer à la casserole, ce n'est pas une raison suffisante pour coucher avec le premier venu.

Donc oui au plan cul quand :

- Le mec vous plaît énormément.
- Vous en avez très envie – sinon pas la peine de vous forcer.
- Il n'y a aucun enjeu : vous ne pouvez rien envisager avec lui (il habite trop loin, il ne correspond pas à votre idéal de recherches, etc.).
- Vous tablez tout sur le plaisir physique.
- Vous êtes dans une phase « consumériste » à mort. Généralement, cette phase arrive post-rupture, quand on a besoin de séduire à tout-va, de se prouver qu'on peut à nouveau plaire.

3. LE PIÈGE DU PLAN CUL, TU ÉVITERAS.

Un plan cul, même régulier, n'est pas fait pour panser les plaies. Un PC est juste là pour vous offrir une plage 100 % plaisir, sans autres enjeux. Une façon confortable d'avoir des relations sexuelles en dehors de tout engagement. On n'attend rien de l'autre, l'autre n'attend rien de vous. Le niveau d'affect doit être proche de zéro. Alors non, un PC ne dort pas à la maison, et non vous ne dormez pas chez lui. Souvenez-vous de la scène dans le film *Les Gazelles* de Mona Achache, quand au petit matin, l'héroïne, toujours dans le lit de son homme d'une nuit, se voit proposer une tasse de café (gentleman attitude), malheureusement ponctuée d'un « C'est quoi ton prénom déjà ? » (goujat attitude).

JE PRENDS RENDEZ-VOUS !

IRL : IN REAL LIFE !

Après les discussions en ligne, le tri parmi les candidats (petits ou gros coups de cœur, gros gros doutes...), vous plongez dans le grand bain : la rencontre pour de vrai. En anglais, on dit « in real life » et cela porte même une abréviation, « IRL ».

Jusqu'alors, vous avez découvert l'autre à travers les réseaux, à savoir un écran ; c'est maintenant que les choses sérieuses commencent. Et c'est un grand chamboulement dans votre toute nouvelle histoire, car passer dans le monde réel annule purement et simplement tout ce qui s'est passé jusqu'ici dans le monde virtuel. Et peu importe le nombre de messages échangés, la connivence installée, les secrets partagés, les photos envoyées : c'est maintenant, *right now*, dans ce café, devant ce ciné, à cette table de resto que l'essai va se transformer en amour concret... ou pas.

Premier regard, premier sourire... c'est le moment chabadabada, celui de retrouver un peu de la magie de la première rencontre entre un homme et une femme. Et celui de voir si cela le fait, en vrai, entre le candidat et vous, tous deux pour la première fois face-à-face en chair et en os.

C'est en effet à ce moment-là que, très vite, tout se joue, que la rencontre peut devenir une relation ou au contraire, en rester au stade « du match » ou « du crush » sans intérêt.

À noter que c'est franchement très déroutant de voir quelqu'un « pour la première fois », alors qu'on a l'impression de savoir tant de choses de lui, après avoir longuement discuté sur la toile.

STOP! N'ALLEZ PAS PLUS LOIN, LISEZ ÇA!

Conseil n° 1 : Croyez-en mon expérience, tant que vous n'avez pas trouvé votre homme, le vrai, continuez vos recherches en parallèle de vos rencontres (et non, il n'y a pas de mal à faire ça, c'est juste pour vous éviter de perdre trop de temps), quitte à retourner sur le site en dilettante.

Conseil n° 2 : N'espérez pas trop de rencontres, vous n'êtes pas la seule à chercher l'âme sœur.

Conseil n° 3 : Plus vous aurez idéalisé la personne en échangeant avec elle, plus vous retarderez finalement le moment de la rencontre et plus le risque de déception et de ne pas vous plaire dans la vraie vie sera important.

Déjà refroidie ? Vous en êtes presque à vous demander pourquoi alors rencontrer l'autre et ne pas rester planquée derrière votre écran, à écrire et à recevoir des messages qui vous font du bien ?

La réponse est parce que rien ne vaut un échange face-à-face, réel, dans le monde réel, pour savoir rapidement si l'autre vous convient ou pas. Son attitude corporelle, sa façon de bouger, sa voix, etc. sont des signes qui ne trahissent pas. Oui le corps s'exprime et dit des choses qui en disent plus long que tous les messages qu'il pourra vous envoyer.

LES RÈGLES À SUIVRE AVANT DE DONNER RENDEZ-VOUS… OU PAS

Le trac au ventre, surtout pour les premiers rendez-vous, vous vous posez un milliard de questions à la minute pour savoir comment assurer et mener à bien votre mission rencontre. Petit FAQ salvateur.

Qui fixe le rencard : lui ou vous ?

Plutôt lui. À vous de faire ensuite une contre-proposition, comme on l'a vu plus tôt.

Ce qu'il va vous proposer en dit long sur lui. Un verre à 21 heures un vendredi soir, ça sent plus l'histoire de fesses que l'histoire tout court. À vous d'accepter… ou de le recadrer s'il vous intéresse un peu plus que ça en disant « Je ne suis pas libre vendredi soir, mais pourquoi pas un café dimanche matin ? »

Pendant ces échanges de mise au point du rendez-vous, pensez comme les mecs : une fille inaccessible est une fille forcément plus désirable qu'une fille trop facilement accessible.

La bonne idée

Vous pouvez très vite retoquer un candidat.

Lui : « Je dois faire 6 kilomètres ? Pourquoi si loin ? »

Vous : « Tu veux te rapprocher, venir ? »

Lui : « C'est une invitation ? »

Vous : « Non, non, je voulais juste savoir comment tu allais réagir. »

S'il ne donne plus signe de vie, il est sans doute plus intéressé par votre Q que par votre QI.

Où se voir ?

Au plus simple pour vous, mais plutôt dans un lieu neutre, idéalement un bar. Pas très loin de chez vous donc, mais en même temps, pas non plus en bas de chez vous ! Gardez un peu d'intimité sur vous, personne n'a envie de se voir « présenté » à tous les membres d'un QG dès le premier rencard. Si vous habitez dans une grande ville, profitez-en pour changer un peu de vos lieux habituels, mais pas trop éloigné de votre domicile afin de pouvoir rentrer après au plus vite, seule ou accompagnée.

La bonne idée

Un bar à tapas. Un verre + un petit dîner qui peut être ultra-rapide si nécessaire. Ou bien un bar d'hôtel si vous habitez une grande ville : le service y est beaucoup plus classieux et l'intimité préservée, tout en ayant un côté romantique et même érotique.

Quand se voir ?

Au plus vite, pour être fixée rapidement et ne pas partir dans des scénarios de films dignes de *Titanic, Le Retour de Jack Dawson*. Soyez plus réaliste et maligne que ça !

La bonne idée

Partez plutôt sur un rendez-vous café, qui vous permettra de juger très vite le candidat sans perdre de temps. Ne fixez jamais de rencard en fin de semaine, sauf si c'est pour un café un samedi à 11 heures ou à 14 heures. Le café reste le moyen le plus radical et efficace pour faire le tri et se débarrasser en moins de temps qu'il ne faut pour le dire de la colonie de queutards qui essaime sur les sites. Une rencontre autour d'un café, pendant environ 30 minutes, ne vous engage à rien, et le risque de se faire coincer pour une coucherie imprévue est proche de zéro.

Comment vous habiller ?

C'est LA question que toutes les femmes se posent, car comme toutes les femmes, « on n'a rien à se mettre ! » J'ai interviewé la pro Tanina Barra, styliste, costumière et coach mode, qui nous explique comment faire le bon choix dans notre dressing et comment éviter les fashion faux pas.

La bonne idée

Trouver le juste milieu, en mixant le côté sport, décontracté, où vous vous sentez à l'aise et l'ultra-féminin, le sexy qui vous met en valeur. En somme, une tenue pour être vous, mais en mieux, et sans en faire trop. C'est-à-dire cool, mais pas trop, chic mais pas trop, sexy mais pas trop !

On retient donc le « pas trop » et on évite le « too much ».

Et bien sûr, pas question de lui dire que vous avez passé plus de 2 heures à vous préparer pour ce rendez-vous, sans compter l'heure que vous avez passée la veille à réfléchir à votre tenue. Vous risqueriez de le faire fuir.

La bonne stratégie

Dites que vous arrivez du bureau/du ciné/d'un verre avec une copine, même si ce n'est pas vrai... mais arrivez fraîche et pimpante !

À ÉVITER À TOUT PRIX, ET CE À TOUS LES RENDEZ-VOUS

- Le rouge, trop agressif.
- Les imprimés chargés qui peuvent faire perdre 5/10e à chaque œil de votre prétendant.
- Le total look pupute : décolleté plongeant, jupe ras la salle de jeu et talons de 12 centimètres. N'oubliez pas que les mecs pensent simple : look pupute, c'est pour les mecs concons.
- Un look trop sophistiqué : trop de maîtrise de son allure peut faire penser que vous ne savez pas lâcher prise.
- Les tee-shirts à messages : ACDC is my religion, Please Love Me... Franchement, vous n'avez pas besoin de ça.

À PRIVILÉGIER POUR LES PREMIERS RENDEZ-VOUS : UN LOOK FRAIS ET NATUREL

- Les bons accessoires : bijoux fins, bonne association ceinture et sac à main pour souligner votre délicatesse et votre sens du détail.
- Les bonnes chaussures : oui aux baskets si le reste du look reste féminin. Oui aux talons, c'est toujours « un plus » dans l'esprit des mecs, à condition que vous soyez à votre aise. Évitez néanmoins les talons aiguilles, surtout pour un café le week-end. Laissez les compensés à la maison, elles sont confortables, certes, mais ce type de chaussures alourdit la jambe et la silhouette.

L'ASTUCE QUI NE FAIT PAS DE MAL

Investissez dans une culotte remodelante (ventre et/ou fesses) ! C'est une façon comme une autre de vous mettre en valeur et un super moyen de ne pas « craquer » dès le premier rendez-vous : souvenez-vous de la scène mythique où Bridget Jones est plus qu'embarrassée avec sa culotte couvrante pas vraiment glamour ! Trouvez le bon compromis entre la lingerie affriolante d'Aubade et l'ensemble Petit Bateau dépareillé en côte légère... et réservez les dessous hot pour les rendez-vous suivants !

À PRIVILÉGIER POUR LE 3E RENDEZ-VOUS : LA SEXY ATTITUDE

Il s'agit maintenant de montrer à votre invité que vous avez pris du temps pour lui.

Les bonnes combinaisons

- Jean + caraco + veste + petits talons
- Jean + chemise + petits talons
- Jean + chemise ultra-féminine + baskets (Converse basse ou Stan Smith)
- Combipantalon chic légèrement décolletée + baskets ou boots
- Jupe boule + top + tennis
- Jupe moulante + chemise un peu loose + baskets ou boots
- De jolis dessous. Vous pouvez même attiser le feu en portant un joli soutien-gorge noir sous une chemise blanche : sexy !

Les fashion faux pas

- Les baskets compensées, trop vulgaires.
- Les talons aiguilles, pour un simple café.
- Les chaussures plates, sauf les derbies.
- Le total look moulant, trop 1990's.
- La combipantalon, jamais pour le troisième rendez-vous : trop galère pour la pause pipi et anti-féminine au possible en cas de passage dans la chambre à coucher (elle s'enlève d'un coup comme un pyjama, et ça, c'est tout sauf sexy).

Sublimez vos points forts, camouflez vos points faibles.

- Vous avez la taille marquée ? Pensez à la mettre en valeur avec une ceinture ou un foulard noué.
- Vous avez un ventre un peu rond ? Évitez les tenues moulantes, et préférez les chemises ou les tops un peu loose.
- Vous avez des fesses rondes ? Portez une jupe crayon pour les mettre en valeur avec élégance.

L'ASTUCE QUI NE FAIT PAS DE MAL

Vous n'êtes pas une bête de mode ? La question de la tenue vous angoisse un peu ? Trouvez une tenue uniforme spéciale premier rendez-vous, et n'en changez plus : ça vous évitera de nombreuses prises de tête !

La check-list sécurité avant le premier rendez-vous

On n'est jamais trop prudente face à un inconnu ! Vérifiez ces quelques points pour ne pas vous faire dévorer par le méchant loup !

- Prévenez toujours votre BFF (Best Friend Forever) du lieu et de l'heure de votre rendez-vous. Vous pouvez même envoyer la fiche du candidat. On ne sait jamais...
- Donnez un code à votre BFF pour qu'elle vous appelle illico en cas de plantage complet du rendez-vous. Par exemple, le code S.O.S, envoyé discrètement par SMS. Lorsqu'elle vous appelle, répondez, au choix : « Non, c'est pas vrai ? T'es dehors et tu n'as pas tes clés ? » ; « T'es tombée dans les escaliers ? » ; « Tu t'es électrocutée dans la baignoire ? Mais bien sûûûûûûr, j'ariiiiiive immédiatement ! »

- Prévoyez toujours un plan B (un dîner, une sortie avec des copines, un autre rendez-vous) pour ne pas vous éterniser et vous sortir d'une situation que vous jugez douteuse.

Comment démarrer la conversation ?

Pas évident d'entamer la discussion avec tout le scénario qu'on s'est imaginé en chemin. Il est forcément comme ci, il va forcément être comme ça...

L'objectif de ce premier rendez-vous plutôt court (le temps d'un café) ? Jauger l'autre.

Déjà, est-ce que vous l'appréciez en vrai ? Est-ce que son regard vous inspire confiance ? Est-ce que son grain de peau vous attire, est-ce que son odeur vous plaît ? Deux versions possibles :

- Vous arrivez en premier : « Tu as trouvé facilement ? Tu as mis longtemps pour arriver ? »
- Vous arrivez en deuxième : « Je t'ai reconnu tout de suite ! Sympa le lieu ! »

Lors de la commande, profitez-en pour épier les faits et gestes de votre candidat : est-il impatient, souriant ? Regarde-t-il sa montre ? Envoie-t-il des SMS en vous « écoutant » ?

N'oubliez pas que, même si ce rendez-vous est important, vous devez rester cool : beaucoup de choses vont se jouer en dehors de la discussion (attrait physique ou pas, entre autres).

Vous êtes timide et avez du mal à trouver vos mots ? C'est normal ! Vous êtes face à un inconnu ! Le principal est de ne pas vous déconnecter de votre ressenti : il vous plaît ou pas ? Basta !

LES MECS N'AIMENT PAS DU TOUT

« Les filles ont trop l'habitude de confondre rendez-vous amoureux et entretien d'embauche ! OK pour poser des questions, mais n'oubliez pas que vous êtes là pour nous séduire et pour vous laisser séduire. » *Alan, 49 ans*

« Je déteste les jugements à l'emporte-pièce sur leur jugement de divorce, sur l'éducation de leurs enfants. Les moulins à paroles (surtout si c'est inintéressant). » *Fred, 36 ans*

Comment je sais si ça matche ?

Rien de plus simple ! Imaginez-vous dans une soirée entre amis quand tout d'un coup, votre regard est irrésistiblement attiré par cet homme, là-bas, tout au fond et tout à fait votre genre. Oui, il n'est pas mal du tout... Échanges de coups d'œil... Pas besoin de parler, il est clair que le courant passe entre vous, il y a un comme un truc électrique dans l'air, un je-ne-sais-quoi qui vous pousse vers lui. Cette attraction mutuelle est magique et très excitante. Vous n'espérez qu'une chose : lui plaire autant qu'il vous plaît en espérant qu'il ne soit pas déjà en couple.

Eh bien, quand on passe de la rencontre virtuelle à la rencontre réelle, c'est un peu comme si on arrivait à une soirée face à ce bel inconnu. Car malgré les nombreuses heures de tchat, de discussions au téléphone, tout le background spécifique du virtuel s'efface au passage dans le réel. L'humain reprend le dessus sur la machine. Certes, ce temps passé avec l'autre était cool, l'humour bien présent, l'envie de le voir de plus en plus forte, mais au final, si l'odeur de l'autre ne vous convient pas, si le je-ne-sais-quoi n'est pas là, tous les échanges précédents n'auront finalement servi à rien. En bref, comme dans la vraie vie, dès le premier regard, vous savez si ça matche... ou pas.

Pour résumer, une rencontre peut se solder par trois possibilités :

Il ne me plaît pas, je ne vais donc pas le revoir.

Objectif à court terme : écourter au maximum l'entrevue (d'où l'intérêt du rendez-vous café). Si quitter quelqu'un en n'ayant qu'une envie, le revoir au plus vite, est un très bon signe pour la suite, à l'inverse, sentir pesamment les minutes défiler pendant le rencard n'augure rien de bon : abrégez !

Objectif à long terme : ne plus avoir aucun contact avec cet individu. Le lui signifier rapidement ou ne pas répondre à l'avenir à ses messages, il finira bien par comprendre.

Il me plaît, mais pour un plan cul uniquement.

Objectif à court terme : espérer que la réciproque soit vraie.

Objectif à long terme : ne pas oublier qu'un sex-friend, c'est zéro affect à espérer.

Il me plaît vraiment, j'aimerais aller plus loin avec lui.

Objectif à court terme : ne pas tomber dans le piège du plan cul pour lui, au risque de voir vos chances de devenir un vrai couple compromises.

Objectif à long terme : le revoir dans un autre contexte pour apprendre à faire vraiment connaissance et transformer l'essai.

LES SECRETS LES MIEUX GARDÉS DES MECS

« Dès le premier contact visuel, selon l'atout charme de la fille et son pouvoir d'attraction, un mec "sait" s'il peut envisager une vraie histoire avec une fille ou pas. C'est de l'ordre du ressenti profond. C'est un radar inscrit dans les gènes qui est infaillible. » *Chris, 37 ans*

« Les filles devraient apprendre à dire "Non, je ne le sens pas" sans avoir besoin de se justifier. Non, c'est non. Ou non, c'est comme ça. Surtout si le mec en face est entreprenant. » *Quentin, 34 ans*

Comment faire le bon tri ?

Nicolas Dolteau, coach en séduction, a mis au point une méthode infaillible pour faire un tri sélectif et rencontrer la bonne personne, celle qui nous correspond vraiment. Et peu importe le site ou l'appli que vous avez choisie. Allez, on vous dit tout !

Cette méthode s'appuie sur trois temps forts, plutôt courts, mais à prévoir en trois semaines. En effet, l'erreur, très commune, à ne surtout pas commettre est de programmer ces trois temps forts sur une semaine seulement.

Pourquoi cette méthode est-elle efficace ?

- Parce qu'elle permet de mettre de côté les encombrants : en espaçant les rencontres, vous semez naturellement en chemin les mecs sans intérêt qui perdent très vite patience.

- Parce qu'elle permet de vous protéger : pour ne pas vous faire avoir, il faut savoir faire poireauter l'autre. Trois semaines, c'est long. Cela permet de réaliser un « écrémage » facilement, sans stress ni projections inutiles. Vous n'y laissez pas de plumes.
- Parce qu'elle permet de démasquer les candidats toxiques : le prétendant qui avance masqué va avoir du mal à cacher son jeu lors de ces trois étapes distinctes. Derrière son écran, il peut avancer ses pions, avec une stratégie en tête (généralement tournée vers la rencontre furtive). À vous de rester vigilante jusqu'à ce qu'il baisse les armes en quittant son pseudo et en redevenant lui-même, « naturel et vrai ». Car ce n'est qu'au bout de quelques rencontres dans le réel que les masques tombent vraiment ! Ruses, manipulation, mensonges… comme tous les moyens indirects, Internet et le téléphone les facilitent et ruinent tous les espoirs des femmes qui continuent d'idéaliser leur quête d'amour virtuel.
- Parce qu'elle permet de jouer délicieusement avec vos nerfs… et les siens. L'attente est un levier très fort : plus le trophée est difficile à obtenir, plus il prend de la valeur…

LES CONSEILS DU PRO
NICOLAS DOLTEAU, COACH EN SÉDUCTION

3 étapes pour une méthode 100 % win-win

• Étape 1 : première entrevue in real life

La question : il me plaît ou pas ?

Le lieu : un troquet près de votre boulot ou non loin de votre domicile. Un lieu sans importance qui doit juste vous faciliter la vie en cas de non-poursuite.

Le temps : 45 minutes maximum. Le temps de voir si le profil vous plaît en vrai, in real life.

Deux solutions :

- Oui, il vous plaît, vous passez à l'étape 2.
- Non, il ne vous plaît pas, vous arrêtez là. Voir Comment congédier sans froisser p. 134.

Le piège à éviter : l'appel du Mojito. Pour un drink after-work, préférez le cocktail sans alcool que le Mojito. Pourquoi ? Un Mojito, puis deux voire trois... et « tout le monde est génial ce soir ». L'alcool a cette faculté de rendre tout le monde « vraiment génial ».

• Étape 2 : premier « vrai » rendez-vous

La question : avons-nous de vraies affinités ou pas ?

Le lieu : un bar sympa dans lequel on peut parler sans être gêné par la musique.

Le temps : 2 heures maximum.

Deux solutions :

- Oui, il y a affinités. Embrassez-vous et passez à l'étape 3.
- Il vous a plu, mais finalement, non, il n'y a pas tant que ça des affinités. Voir Comment congédier sans froisser p. 134.

Le piège à éviter : faire durer le rendez-vous et prolonger jusqu'à minuit, l'heure des loups-garous. Il est très difficile de se « quitter » à minuit, c'est un mauvais signal donné au garçon. Et contrairement à ce que l'on pourrait penser, coucher au premier rendez-vous ou au deuxième, c'est du pareil au même dans la tête du gars ! Ce n'est qu'à partir du troisième rendez-vous qu'on commence à créer une vraie histoire qui nous permet de passer à l'étape suivante plus sereinement.

• Étape 3 : premier « vrai rencard »

La question : alors, il se passe quelque chose ou pas ?

Le lieu : chez vous ou chez lui, plus intime que le restaurant qui crée un cadre propice aux échanges et à l'attention.

Le temps : no limit !

Deux solutions :

- La soirée, puis l'after, ça le fait et c'est top !
- La soirée et/ou l'after, finalement, ça ne le fait pas, mais vous avez quand même passé une belle soirée.

Le piège à éviter : ne pas avoir suivi votre instinct à l'étape 1 ou 2 et vous retrouver coincée à l'étape 3 avec la désagréable sensation de ne pas être au bon lieu, au bon moment et avec la bonne personne. En cas de doute persistant, proposez le rendez-vous chez lui plutôt que chez vous : c'est beaucoup plus facile de s'esquiver que de mettre quelqu'un dehors.

Nicolas Dolteau est le fondateur de Coach Séduction®
http://www.coachseduction.fr

Un dernier verre ?

Comme dans le délicieux et drôlissime film *Célibataire, mode d'emploi* de Christian Ditter, il faut connaître son quota d'alcool avant coucherie. Ce chiffre est en effet variable d'une personne à l'autre, mais ce qui est prouvé scientifiquement par le comité d'experts des sites de rencontres, c'est qu'au-delà d'un certain nombre de verres d'alcool, cela finit en coucherie.

Donc, pour résumer, l'alcool et le dating ne font pas bon ménage.

- On fait donc attention à sa consommation d'alcool, sans passer pour un ayatollah de la loi Évin.
- On vérifie que le galant ne passe pas son temps à nous resservir (c'est un mauvais signe).
- Surtout, on évite à tout prix de siroter un (ou plusieurs) blanc(s) pour oublier à quel point notre rencard est naze, sinon gare aux dérapages incontrôlés !

LES SECRETS LES MIEUX GARDÉS DES MECS

« Pour avoir une fille à coup sûr, je fais en sorte que son verre ne soit jamais vide. Au bout d'un moment, elle baisse la garde, et je peux plus facilement arriver à mes fins. » *Christophe, 43 ans*

L'addition : qui paye quoi ?

LE CLASSIQUE : C'EST MONSIEUR QUI PAYE.

Décryptage : dans le langage de l'homme, cela signifie que tout est encore jouable. Bon à savoir : les hommes aiment bien tout de même quand on fait mine de vouloir régler sa part. Payer la totalité de l'addition lui permet alors d'exprimer toute sa virilité : « Laisse chérie, c'est moi qui t'invite. »

LE MOITIÉ-MOITIÉ : CHACUN POUR SOI ET DIEU POUR TOUS !

Décryptage : si c'est Monsieur qui propose une division à parts égales, dans 99 % des cas, cela doit allumer dans votre esprit un panneau « Warning ». Car oui, il y a danger : homme radin à l'horizon, homme sans générosité, homme sans intérêt.

Si c'est Madame qui propose le moitié-moitié, soit elle espère secrètement se faire inviter, soit elle signifie clairement à Monsieur qu'il n'y aura pas de suite.

LE CROQUE-MADAME : C'EST MADAME QUI INVITE.

Décryptage : allez savoir pourquoi, une invitation par Madame est considérée par Monsieur comme une porte « grande ouverte » à une coucherie assurée. Alors, retenez votre élan de générosité et laissez planer le doute pour ne pas envoyer de mauvais signaux à Monsieur.

Comment congédier sans froisser

Autrement dit, comment s'esquiver en douce pour abréger un rendez-vous sans intérêt ? Et surtout, comment en rester là ? À vous de choisir le profil qui vous correspond le mieux, selon le moment ou le mec !

- La vantarde : balancez d'un ton naturel « Tu m'excuseras, j'ai un autre rendez-vous galant. »
- La courageuse : dites-lui « Ce fut un véritable plaisir de traverser toute cette ville pour te voir, mais bon, il n'y a pas eu l'étincelle qui fait que j'ai envie de te revoir. » Congédiement par SMS autorisé.
- La couarde : espacez les SMS et autres messages. Il finira bien

par se rendre compte tout seul comme un grand que vous le fuyez.

- La culottée : planquez-vous pour le voir arriver au rendez-vous sans être vue. Analysez l'animal et plantez-le si ça vous chante.
- L'aguerrie : prenez un verre (un unique verre), sous prétexte d'être attendue à un anniversaire surprise, et allez-y une fois le verre bu cul sec.
- La baroudeuse : concluez le rendez-vous par « J'ai été ravie de te rencontrer, mais je pars demain pour une mission à l'autre bout du monde pendant au moins 6 mois. Oui, je travaille pour Médecins sans frontières, ah bon, je ne t'avais pas dit ? »

LES MECS N'AIMENT PAS DU TOUT

« Quand je ne plais pas à une fille, je suis déçu, mais je peux le comprendre. On ne peut pas plaire à tout le monde ! J'aimerais juste que la gent féminine assume un peu plus ses choix et ose dire "T'es sympa, mais franchement tu ne me plais pas", plutôt que d'opter pour le silence radio. » ***Nicolas, 44 ans***

« Les filles devraient apprendre à dire "non", sans même avoir à se justifier. "Je le sens pa" suffit amplement comme raison, surtout face à un mec trop entreprenant. Cela leur éviterait de nombreuses déconvenues. » ***Quentin, 34 ans***

Comment sortir la tête haute quand c'est vous qui vous faites congédier

Même si ça arrive moins souvent que l'inverse – les mecs préfèrent passer la nuit avec quelqu'un qui ne leur plaît pas trop plutôt que rentrer seuls – il arrive qu'un candidat nous « dématche » : il enlève l'affinité avec nous.

Ce peut être :

- juste après avoir matché, car finalement, notre profil (qu'il n'avait pas vraiment vu) ne lui plaît pas ;
- juste après avoir obtenu notre 06. On change donc de canal, on passe en mode SMS et on n'a plus accès à sa connection sur l'appli… ni à l'historique de nos conversations.

Dans ces deux cas de figure, allez, ce n'est pas bien grave. On ne lui plaît pas ? Pas la peine de perdre de temps. Il nous efface de l'appli ? Soyons prudente, il s'agit peut-être d'un chasseur aimant chasser les jolies proies…

- Il se peut aussi qu'il nous zappe au moment de la rencontre, de manière plus ou moins galante…

Alors là, comment réagir ? Avec du recul et en gardant le sourire ! Vous n'allez tout de même pas pleurer pour un mec qui se barre sans vous le dire, sans même prendre un verre de vin avec vous ! Un vrai goujat !

ELLES EN PARLENT

« J'ai une amie qui se rendait à sa première date. Ils commencent à papoter et décident de commander une bouteille de vin pour l'apéro. Son partenaire charmant lui demande alors de l'excuser, car il doit se rendre aux toilettes. C'est la serveuse, revenant avec la bouteille, qui lui apprend que son rendez-vous peu galant vient de partir en voiture ! Pour la petite histoire, le restaurant, beau joueur, lui a offert la bouteille non ouverte pour qu'elle la boive avec ses amis ! » *Tala, 35 ans*

Jusqu'où faut-il aller le premier soir ?

Libération des mœurs, vidéos pornos accessibles gratuitement sur le Net, échange décomplexé de sextos, la première fois peut vite tourner en orgie si on n'y prend pas garde.

La règle d'or ?

Faites uniquement ce dont vous avez vraiment envie. Le tout en pleine conscience et en possession de toute votre capacité de jugement (attention donc à l'abus d'alcool). Une règle qui permet de ne rien regretter le lendemain au réveil.

En cas d'hésitation ou de doutes, si l'envie n'est pas pleinement là, autant passer votre tour. Prendre un rendez-vous avec quelqu'un ne signifie pas que vous êtes obligée d'aller plus loin.

POUR OU CONTRE COUCHER LE PREMIER SOIR ?

Les pour

- Coucher le premier soir, ce n'est pas bien grave.
- Coucher le premier ou le deuxième soir, c'est du pareil au même !

Les contre

- Coucher le premier soir, ce n'est pas bien grave, mais ça change quelque chose dans la tête du mec. C'est une option à envisager si on n'envisage justement pas grand-chose avec le candidat ! On évite ainsi bien des déconvenues.
- Un mec est 100 % basique : pour lui, une fille qu'il aura eu du mal à avoir aura toujours plus de valeur à ses yeux qu'une fille mise dans son lit dès le premier soir.

- Ne pas tout donner tout de suite permet d'augmenter vitesse grand V le désir, et donc ensuite le plaisir. Sans compter que plusieurs rendez-vous permettent de « mieux connaître » l'autre.
- On gagne toujours à faire attendre un mec plutôt qu'à céder à ses avances. Et on perd moins à faire attendre l'autre qu'à prendre le risque de céder à ses avances. Pourquoi ? Si le mec veut créer un vrai lien, s'engager dans une relation digne de ce nom, il saura attendre et patienter. Résister à la tentation de céder dès le premier soir peut être un gage de qualité pour l'histoire à venir.

SCORE : plus de contre que de pour mais vous seule pouvez décider !

LES CONSEILS DU PRO

NICOLAS DOLTEAU, COACH EN SÉDUCTION

« Il ne faut jamais se retrouver en situation de devoir dire non. Par exemple, si après le resto, le gentleman vous offre un dernier verre chez lui, vous savez à quoi vous en tenir. Un non poli et non offensant se dit plutôt en sortant du resto qu'une fois coincée sur son canapé. »

MA CHARTE DE CONDUITE 2.0

17 choses rédhibitoires qui doivent vous faire fuir

8 CHOSES « NO WAY » À LA PREMIÈRE RENCONTRE, TU DÉTECTERAS.

- Il mange la bouche ouverte.
- Il boit comme un trou.
- Il a une haleine de poney.
- Il sent le chien mouillé ou la transpi.
- Il a une hygiène bucco-dentaire plus que douteuse.
- Il n'écoute pas... Normal, il ne fait que parler (de lui, de préférence).
- Il évoque son (ses) ex en long et en large dès le premier rencard.
- Il embrasse super mal.

SANS REGRET, NEXT !!!

Les filles, restez positives ! Au moins vous ne perdrez pas davantage votre temps !

DE 9 CHOSES « NO WAY » À LA PREMIÈRE COUCHERIE, TU TE MÉFIERAS.

- Il garde ses chaussettes pendant l'amour.
- Il a un slip moche.
- Il a des chaussettes trouées.
- Il ne connaît pas l'existence du clitoris, encore moins celle du point G.
- Il est très rapide.
- Il est très lent.
- Il en fait des tonnes et vous casse les oreilles. Bref, il vous saoule déjà.
- Il s'en va direct après (si ça se passe chez vous).
- Il s'endort immédiatement après. Et évidemment il ronfle. Le tout chez vous.
- Il vous dit « je commence tôt demain » (dans le cas de figure où ça se passe chez lui).
- Il dit « je t'appelle un taxi ? » (dans le cas de figure où ça se passe chez lui).

SANS REGRET, NEXT !!!

Les filles, restez positives ! 1 de perdu, 10 de retrouvés !

JE FAIS LE POINT : JE CONTINUE OU PAS ?

L'HEURE DU BILAN

Avouez que vous vous êtes vite laissée prendre au jeu ! Un véritable vent de fraîcheur a soufflé dans votre vie sentimentale. Messages, cafés, rencontres... votre love agenda n'a jamais été aussi chargé ! Mais ce tourbillon de bonne humeur est retombé comme un soufflé du dimanche raté. Le mécanisme répétitif des échanges, les millions de messages sans intérêt reçus (« Salut, sa va ? »), les rendez-vous sans lendemain, les baisers sans saveur vous ont mis le moral dans les chaussettes.

Force est d'avouer que même si on consulte pour la millième fois l'appli censée nous livrer clés en main notre lover qui coche tous nos critères prédéfinis, bé... on n'y croit plus trop en fait. Déjà qu'on avait du mal à y croire au tout début, mais là, c'est mort. Vous vous sentez dépitée, découragée, désespérée même, vous vous prenez à maudire Monsieur Meetic et Madame Attractive World !

Cette vague de lassitude est tout à fait normale. Vous avez très envie de rencontrer (avec un grand R) votre homme, or vous ne vous coltinez que des e-boulets. Normal d'être au bout du rouleau ! Face à ce sentiment d'échec et de découragement, il est grand temps de faire le point et de vous situer dans l'échelle de Richter rapportée à votre propre estime : niveau 1 même pas mal, ou niveau 7 vous êtes proche du gouffre ? Parce qu'une fois la situation évaluée, vous pourrez repartir à la conquête de votre amoureux !

COMMENT RÉAGIR APRÈS PLUSIEURS RENDEZ-VOUS FOIREUX?

C'est sûr, quand on enchaîne une dizaine de rendez-vous tous plus lamentables les uns que les autres, on n'a qu'une envie : plier bagage ! Pourtant, il y a une seule chose à faire : c'est de revoir entièrement sa méthode. Qu'est-ce qui cloche dans votre technique ? Qu'est-ce que vous ne faites pas correctement ?

Une fois identifiés les malaises, vous pourrez repartir en chasse sans reproduire les mêmes erreurs.

Là, maintenant, tout de suite : prenez des mesures S.O.S !

LEVEZ LE PIED

Quand le sentiment de découragement pointe le bout de son nez, vite, mettez-vous en mode pause ! Respirez un peu, allez voir ailleurs comment tourne le monde, occupez-vous autrement et une fois que vous vous sentez mieux dans votre tête et dans vos baskets, recommencez, l'œil et le cœur neufs !

PRENEZ DU RECUL

Il ne faut surtout pas baisser les bras si près du but ou se laisser totalement décourager ! Dites-vous juste que si certaines personnes trouvent vite leur moitié, d'autres mettent plus de temps. C'est la vie et ce n'est pas grave du tout ! Il n'y a pas de règle stricte et de process normal à suivre pour la rencontre.

CHANGEZ VOTRE CURSEUR

Quand rien ne va plus, il suffit parfois de revoir légèrement vos attentes et de modifier votre curseur de recherche. Par exemple, partez sur un autre type de personne. Ou ouvrez un peu plus vos horizons. Ne restez pas focalisée sur un type de profil qui ne convient finalement pas. Discutez moins et donnez rendez-vous plus vite afin d'être plus rapidement fixée. Ou au contraire retardez un peu la rencontre. Matchez avec plus de profils.

Bref, vous l'aurez compris, l'idée est de ne pas tout faire exactement comme vous aviez l'habitude de faire. Ce léger changement, ce nouveau regard vont vous obliger à donner sa chance à un candidat qui ne rentrait jusqu'ici pas dans vos critères habituels. Et alors, quel est le risque ? Vous pourrez toujours le zapper si ses propos ne vous intéressent pas !

ADOPTEZ LA TECHNIQUE DES MECS !

Sur Tinder, l'appli la plus rapide de l'Ouest, à droite, c'est j'aime, à gauche, c'est je n'aime pas. Les mecs ont une technique bien à eux : ils ne s'embarrassent pas, ils likent TOUTES les filles, sans regarder les portraits, les descriptifs. En clair, ils balancent toutes les fiches sans exception à droite ! Quand il y a un « match », c'est à ce moment-là seulement (jamais avant) qu'ils vont découvrir le profil et le descriptif de la candidate : facile ensuite de décider s'ils ont envie de poursuivre ou pas.

Les filles ont une tout autre technique : elles scrutent la moindre photo, lisent le message d'accueil et au bout du compte, likent très peu de profils. En clair, elles balancent la plupart des fiches à gauche. Quand il y a un « match », elles connaissent déjà le profil puisqu'elles l'ont sélectionné.

Changer de technique vous permet tout simplement de ne pas passer à côté de candidatures sur lesquelles vous ne vous seriez pas arrêtées. Aucun risque à ouvrir plus large le champ puisque si le candidat ne vous plaît pas, vous pourrez à tout instant le « dématcher » sans avoir à vous justifier ! Pourquoi vous priver de cette possibilité ? En ouvrant une nouvelle porte, vous vous rapprochez un peu de la vraie vie : vous n'allez quand même pas nous dire que vous avez toujours flashé sur le même genre de mecs ? Oui, bien sûr, vous avez un idéal, mais parfois, changer de genre, même pour une petite histoire, fait un bien fou ! Et surtout, réserve de belles surprises !

ILS EN PARLENT

« On avait accroché sur Adopte Un Mec, mais en même temps, c'était super difficile de discuter avec elle. Elle ne se connectait qu'à heures fixes entre 12 heures et 14 heures ou entre 18 heures et 20 heures. Quand j'arrivais à attirer son attention, je ne la lâchais pas. Mais je voyais bien que c'était difficile de poursuivre une discussion, elle devait en mener plusieurs à la fois. Ça a paradoxalement augmenté mon envie de la voir. Aujourd'hui, nous sommes pacsés et devenus parents ! » ***Romain, 39 ans***

Dès que ça va un peu mieux, faites le point !

Vous ne vous sentez toujours pas très bien ? Une fois les mesures S.O.S prises en urgence, il faut maintenant évaluer les dégâts, panser les plaies et mesurer les effets secondaires non désirés des sites et applis de rencontres. Car ces nouveaux moyens mis à notre disposition pour nous mettre en contact avec des hommes réveillent malgré nous toutes sortes de douleurs sentimentales : de la crainte de finir seule dévorée par son chat à la peur d'être quittée pour une autre en passant par tout un lot de situations frustrantes...

Petit état des lieux des dommages collatéraux que je situe au niveau 2 sur l'échelle de Richter de votre estime de soi.

LE MEC NE RAPPELLE PAS APRÈS UNE NUIT D'AMOUR

Un grand classique. En fait, pour lui, ce moment intense de plaisir, de partage et de sensualité n'était rien d'autre qu'une nuit de sexe, pas une nuit d'amour. Il s'est éclaté, vous aussi (du moins on l'espère !), mais il ne souhaite pas aller plus loin dans l'histoire et peut-être même n'a-t-il pas envie de remettre le couvert.

Il n'y a malheureusement pas grand-chose à faire, en tout cas n'aggravez pas la situation. Inutile par exemple de lui envoyer une avalanche de SMS qui, de toute façon, ne changeront pas la donne. N'allez pas non plus l'attendre en bas de chez lui. Après plusieurs heures d'attente, vous risqueriez de le voir, au bras d'une autre, peut-être elle aussi rencontrée sur les sites !

Pas la peine de tirer une tête d'enterrement pour ce goujat ; prenez un bon bain, partez en virée avec les copines... avant de vous y remettre tranquillement, une fois l'épisode oublié.

Votre état émotionnel : j'ai couché, il n'a pas rappelé, je me sens abîmée.

À retenir pour la prochaine fois : le risque zéro n'existe pas, même en prenant les plus grandes précautions. Vous pouvez toujours attendre quelques jours, une semaine, voire plusieurs : ce n'est pas une question de temps ! Un chasseur goujat sait attendre le temps qu'il faut pour obtenir ce qu'il veut.

La seule réponse à ce type de comportement consiste à passer par l'étape lit, mais uniquement quand vous êtes prête et entièrement disposée à le faire. Jamais parce qu'il « faut le faire », que « c'est le moment », ou parce que le mec en face de vous vous regarde avec des yeux de merlan frit qui en meurt d'envie.

Autre très mauvaise idée : attraper le cœur de votre prétendant en lui montrant que vous maîtrisez toutes les figures du Kama Sutra. Rien ne vous dit que cela vous fera passer dans son cheptel de plans cul de choix. Dans la vie comme dans un lit, vous savez ce que vous valez, alors s'il vous plaît, gardez toute votre énergie, toute votre souplesse et votre imagination pour le bon ! Et le bon... c'est sans doute le suivant !

LE MEC NE SOUHAITE PAS POURSUIVRE

Un verre, des rires, suivis d'un ciné, d'un musée, puis d'un week-end, puis de deux... Ça y est, vous pensez toucher le Graal ! Pourtant, malgré cette entente cordiale sur tous les plans, pour des raisons qui le concernent, votre soupirant ne souhaite pas continuer l'aventure. C'est la douche froide pour vous.

Surtout, dites-vous bien qu'il ne sert à rien de « ruminer », de repenser à tous ces moments sympathiques passés avec lui, au risque de les enjoliver et de vous faire du mal. Vous n'allez tout de même pas tomber dans une dépression post-rencontre-qui-était-sympa !

Votre état émotionnel : vous vous sentez moche, grosse et vieille. Ou vieille, moche et grosse. Bref, votre estime de vous et votre confiance sont proches du niveau zéro.

À retenir pour la prochaine fois : même si vous avez l'impression qu'avec lui, ça matche dans tous les domaines, parfois, c'est simplement une question de bon ou de mauvais timing. N'allez pas vous remettre en question pour autant : ce n'était juste pas le bon ! Il ne veut pas de vous ? Eh bien... tant pis pour lui ! Appuyez sur le bouton « Au suivant » !

LE MEC VOUS ENVOIE DES MESSAGES D'INSULTES

Un message, deux messages et puis d'autres... Tout se passait bien et puis, sans doute n'avez-vous pas été assez rapide pour répondre à ses demandes qui peuvent se résumer en une phrase : « On se voit quand et on couche quand ? » Et là, c'est le drame ! Le ton et le contenu des messages changent du tout au tout. Des noms d'oiseaux rares défilent, voire des méchantes insultes ou encore des phrases assassines, du style : « Dans la vie, j'ai rencontré des connasses, mais là, on peut dire que tu es vraiment une GROSSE connasse. » Ce à quoi vous n'avez qu'à répondre du tac au tac : « Ça tombe bien, depuis 2013, la femme parfaite est une connasse », en référence au livre à succès d'Anne-Sophie Girard et Marie-Aldine Girard (J'ai Lu, 2013).

Votre état émotionnel : vous hésitez entre une vraie envie d'en rigoler et la peur d'être tombée sur un évadé de Sainte-Anne. Moi je vous réponds sans hésiter : racontez ça aux copines et franchement, rigolez-en !

À retenir pour la prochaine fois : laissez-lui un peu de temps pour lire votre réponse bien sentie – si vous lui en envoyez une –, et dès le lendemain, dégagez-le de votre répertoire. Bloquez très vite son profil, au besoin, signalez-le et n'y pensez plus ! Vous n'avez besoin d'aucun parasite dans votre vie !

VOUS POURSUIVEZ UNE HISTOIRE POUR ÉVITER D'ÊTRE SEULE

C'est clair, physiquement, ce n'est pas Brad Pitt. Sexuellement, ce n'est pas non plus Rocco Siffredi. Et intellectuellement, ce n'est pas Albert Einstein. Mais bon, il est « gentil ».

Alors que tous les indicateurs vous signalent que « ce n'est pas le bon », il est parfois tentant de faire durer une histoire, juste pour ne pas rester seule.

Votre état émotionnel : vous vous sentez seule, désespérément seule, et ce sentiment-là n'est pas très bon. Ni pour vous (vous êtes mal), ni pour les autres (vous dégagez des ondes négatives). Du coup, le premier profil venu peut en profiter.

À retenir pour la prochaine fois : une fois que vous aurez quitté votre faux Brad pas tout à fait Rocco et pas vraiment Albert, refaites un petit point psycho (demandez-vous « Pourquoi je ne suis pas bien avec moi ? ») avant de retourner sur les sites. Au besoin, faites-vous aider par un professionnel. Car malheureusement, tant que vous n'aurez pas fait un vrai travail sur vous, tant que vous n'aurez pas apprivoisé votre « solitude » et tout ce qu'elle engendre, vous continuerez à chercher quelqu'un pour combler ce vide qui vous habite.

VOUS NE TOMBEZ QUE SUR DES CAS SOCIAUX

Du mec encore avec son ex, dans sa tête ou en vrai, à celui qui aimerait être votre soumis car il décèle en vous (à tort ou à raison) un vrai potentiel de « femme dominatrice » en passant par le candidat sans le sou qui ne peut même pas vous offrir un café, vous pensez avoir fait le tour des zozos en tous genres.

Votre état émotionnel : vous êtes fa-ti-guée. Fatiguée de discuter pour rien. Fatiguée de prendre des verres pour rien. Fatiguée de ce système qui ne vous propose aucun candidat à la hauteur de vos attentes.

À retenir pour la prochaine fois : ménagez-vous ! En tout ! Réduisez drastiquement votre disponibilité. Discutez moins longtemps, espacez les rencontres, soyez beaucoup plus sélective dans vos choix et passez à l'étape « dans la vraie vie » uniquement si vous pensez que le jeu en vaut vraiment la chandelle. Sinon, laissez faire le temps, il se chargera de dégager les malotrus pour vous.

VOUS N'ENCHAÎNEZ QUE DES HISTOIRES D'UN SOIR

Vous avez un simple rendez-vous pour un café et vous

terminez par une partie de jambes en l'air. Ça peut être le début rocambolesque d'une jolie histoire d'amour… ou bien le début de nœuds sans fin dans le cerveau.

Votre état émotionnel : vous avez la désagréable impression de vous être fait avoir. Et pas qu'une fois en plus.

À retenir pour la prochaine fois : vous avez la fâcheuse habitude de craquer ? Boostez votre self-control ! Le plus souvent, si vous repensez à vos dernières aventures, il est clair que vous vous laissez trop facilement embarquer dans le désir et les attentes de la personne en face de vous, sans respecter l'étape primordiale « faire patienter ». Or, un mec qui a envie de vous peut attendre ! Au contraire, ça ne fera qu'augmenter son désir… et ensuite son plaisir ! Allez, ne culpabilisez pas pour cette fois : c'est en tombant qu'on apprend à marcher !

LES CONSEILS DU PRO

NICOLAS DOLTEAU, COACH EN SÉDUCTION

« Les dragueurs, dans la vraie vie ou sur le Net, sont un peu des maquilleurs professionnels. Vous ne voyez pas le rapport ? Une femme qui a l'habitude de se maquiller chaque jour consacre de moins en moins de temps le matin à sa mise en beauté. Les gestes deviennent mécaniques et de plus en plus faciles. C'est pareil pour les dragueurs, ils connaissent tous les rouages de la drague par cœur : fluidité du premier contact et des échanges, rencontres rapides… Moralité : méfiez-vous de ceux qui manient trop bien le verbe sur les sites ; ils ont un mécanisme trop bien huilé pour être honnêtes. »

Envoyer tout balader ou continuer ?

Au final, comment on vit tout ça ?

Ça dépend des jours ! Parfois, on a envie de tout envoyer balader, d'écraser son profil sur Meetic, de se désinscrire d'Adopte Un Mec, de stopper net toutes les notifications. Car après des centaines de messages, d'innombrables échanges de numéros, des litres de café et des tonneaux de mojitos bus, on n'a toujours pas trouvé l'Homme...

Et puis on y réfléchit à deux fois : on se penche sur l'activité de ces dernières semaines, depuis notre inscription, et on ne peut constater qu'une chose : c'est que notre vie a changé. Oui, elle a vraiment changé (on l'écrit en pesant les mots). Aujourd'hui, on maîtrise mieux l'outil, on ne fait plus des tas de kilomètres parce qu'un mec veut prendre un café (et plus si affinités), on arrive à déceler les artistes du Net en tous genres. On s'amuse, on s'amuse, mais tout ça ne nous fait pas trouver The One. Pire, ça commence même à nous chauffer. Si on continue comme ça, on pourrait même en avoir des poussées d'urticaire ! Même si à force, l'expérience aidant, on vit les choses moins entièrement. Ou plutôt assurément différemment.

En clair, on est un peu blasée par ce système de rencontres. Tellement qu'on a plus qu'une envie, celle de tout plaquer pour s'inscrire directement au prochain voyage du Club Med Kemer, un club sans enfants ni familles réputé pour les célibataires. Au moins, là, on est sûre de s'amuser sans contraintes, même si on ne revient pas avec un GM dans sa valise (Gentil Membre, nom donné aux clients du Club Med) – et surtout pas un GO (Gentil Organisateur, nom donné aux animateurs du Club Med). Grossière erreur !

À L'INSCRIPTION | **6 MOIS PLUS TARD**

Hello

« Oh, sympa, il engage la discussion. »

« Encore un relou, niveau de discussion zéro. »

Chez pas

« Oh, il est mignon, il a fait un lapsus ! »

« Encore un analphabète, j'en peux plus ! »

T'es chaude comment pour me voir

« Oh, un homme, un vrai, qui sait parler aux femmes. »

« Encore un mec qui a une b... à la place du cerveau. »

C'est justement maintenant qu'il faut persévérer et matcher avec de nouvelles personnes, sans mettre aucun enjeu dans la rencontre, en gardant ce détachement que vous avez maintenant acquis avec l'expérience et le temps passé sur les sites et applis. Bref, allez-y sans trop rien attendre...

Les sites, c'est comme dans la vie, c'est au moment où on s'y attend le moins qu'on tombe sur la bonne personne.

ELLES EN PARLENT

« C'était le week-end de la fête des mères. Et, par un hasard de calendrier, je n'avais pas mes enfants. J'avais le moral dans les chaussettes. J'ai accompagné des copines voir un match de rugby dans un bar. Autant dire que le sport et moi, ça fait trois. Je m'ennuyais à cent sous de l'heure. Du coup, je m'amusais à balayer les candidatures sur Tinder. À gauche, car personne ne me plaisait. Une copine de la bande, de vingt ans mon aînée, ne connaissait pas ce joujou moderne. Après une petite explication (à droite, à gauche, match, messages, etc.), elle a lâché les All Blacks et elle a « matché » à ma place avec tous les profils. Elle trouvait cela tellement drôle et n'arrêtait pas de dire "Si nous avions eu cela à notre époque, on se serait bien amusés". Bref, elle est allée jusqu'à inviter un candidat dans le bar à assister à la fin du match pour voir s'il était capable de venir... Elle a aussi donné mon numéro à un petit jeune, car "la jeunesse, c'est quand même bien." Il devait m'appeler le soir (en rentrant de sa soirée), ce qu'il a d'ailleurs fait ! Évidemment, je dormais à cette heure-là ! Bref, le lendemain matin, l'esprit plus clair, j'ai fait du ménage dans mes messages. J'ai dématché les candidats franchement pas intéressants, j'ai nettoyé ma messagerie. C'est à ce moment-là que j'ai reçu un message de Cédric, qui voulait savoir si on pouvait se voir le lendemain. On a commencé à discuter, à rigoler... C'est le seul profil que j'ai conservé des matchs de la veille. Quand je l'ai vu... j'ai su que nous allions vivre une histoire tous les deux ! C'était la première fois que je n'étais pas déçue physiquement par un candidat ! » ***Alex, 41 ans***

SAVOIR PRENDRE DU RECUL AVEC HUMOUR

On se livre beaucoup via les échanges, surtout au début. On en dévoile de plus en plus en mode SMS. On se sent en confiance. Et on pense souvent que c'est le bon… On décide alors de se rencontrer sans plus tarder… et on tombe de haut. « Mais comment ai-je pu me confier autant à un homme pareil ? Je ne lui adresserais même pas la parole au café du coin ! »

Une, puis deux, puis trois, puis quatre… Après avoir enchaîné plusieurs décevantes rencontres, on reste sur ses gardes, on rode un discours bien ficelé, mais on n'a plus vraiment envie de faire des efforts. La déception peut-être physique, mais pas seulement…

Florilège de quelques rencontres… piquantes

Le rendez-vous en terre inconnue… comme pour les fantasmes, c'est quitte ou double. Parfois, mieux vaut ne pas les réaliser, mais quelques fois, ça vous chamboule totalement ! Gardez en tête de rester positive ! Car l'avantage d'être inscrit et actif sur un site de rencontres, c'est qu'on a plein d'anecdotes à raconter lors des dîners en ville !

Voici donc quelques cas de figure véridiques et en même temps tellement classiques ! Quoi ??? Ça ne vous est pas encore arrivé ? Vous voyez, il y a pire que vous !

CE N'EST PAS LE MÊME QUE SUR LA PHOTO

ELLES EN PARLENT

« J'ai traversé tout Paris un samedi midi pour un brunch. J'étais assez excitée de rencontrer cette personne avec qui j'avais pas mal discuté les jours précédents. Nous avions des enfants du même âge, je ne me suis donc pas du tout méfiée. Et j'ai fait la grave erreur de ne pas lui demander précisément son âge, pensant naïvement qu'il aurait sensiblement le même âge que le mien. J'arrive sur le lieu du rendez-vous, je jette un coup d'œil dans toute la salle, ne voyant personne lui correspondant. Je finis par demander au serveur : "Pardon, j'ai une réservation pour deux avec un jeune homme." Là, il me répond du tac au tac : "Vous voulez dire avec ce vieux monsieur là-bas ?", et me voilà en train de bruncher avec mon grand-père. Il avait eu sa fille sur le tard, et il avait clairement plus de 20 ans de plus que moi ! » ***Alex, 40 ans***

- **Le love contexte :** sur la photo, Don Juan n'est pas mal du tout. Pas tout à fait Robert Redford, mais un petit air de Richard Anconina. Bref, on ne se lasse pas de mater sa photo de profil et franchement, on se laisserait bien conter fleurette voire plus par ce physique de jeune premier.
- **In Real Life : le choc de ma vie !** C'est simple, on ne le reconnaît pas. Le mec a, au choix : + 10 ans ; beaucoup moins de cheveux ; + 25 kg ; - 10 centimètres... quand ce n'est pas les quatre à la fois. Bref, l'aigle royal est devenu un canard, et dès le premier regard, on sait que ça ne va pas le faire. Mais alors pas du tout du tout.

- **Comment réagir ?** Ne pas perdre davantage de temps, prendre son café et ses jambes à son cou ! Fuir et ne plus jamais donner de nouvelles ! C'est vrai, cette technique de l'évitement n'est pas tip top, mais ce n'est franchement pas pire que l'usurpation d'identité dont on a été clairement victime.
- **À retenir pour la prochaine fois :** toujours se méfier quand il n'y a qu'une seule photo visible ou des photos vraiment trop différentes. Éviter d'accepter et de discuter avec les profils sans photos. Demander plus de photos récentes lors des échanges, histoire de up-dater et de rafraîchir un peu le profil. Facebook ou pas ? Les avis sont partagés. Faire un tour sur son profil permet en effet de mieux se rendre compte de sa vie. Mais en même temps, comme la rencontre est déjà bien ancrée dans le virtuel, pourquoi en rajouter une couche ? On risque de perdre toute étincelle de magie. Et on l'a dit, plus on passe du temps dans le monde virtuel, plus les risques de déception face à la réalité sont grands.

IL EST ENCORE MARIÉ, « MAIS DIT QUE C'EST UN DÉTAIL »

ELLES EN PARLENT

« J'avais matché avec un mec vraiment super. On discutait bien ensemble, quoique de manière irrégulière, tout avait l'air de coller. Comme nous travaillons dans la même ville, il m'a proposé de nous voir pour un déjeuner. Je n'ai pas tilté. La veille, au moment de confirmer notre rendez-vous, il m'a envoyé ce message : "Au fait, je suis marié, j'espère que ça ne te dérange pas !" Évidemment, il n'a plus jamais eu de mes nouvelles. » ***Sonia, 37 ans***

« J'étais plutôt contente de prendre un verre avec Jacques. J'y allais en mode détendue du slip. C'était un homme vraiment charmant, intelligent, etc. Quand je suis arrivée, la première chose que j'ai vue, c'est son alliance ! Il n'avait même pas eu la délicatesse de l'enlever ! Ça m'a super choquée ! Je ne lui ai même pas dit bonjour, je lui ai balancé une phrase assassine et je suis partie directement. » ***Virginie, 44 ans***

- **Le love contexte :** sur le papier, il a tout bon. Charmant, vif, drôle... Et si c'était enfin le bon ? Vite, vite, rencontrons-nous ! (et croisons les doigts)
- **In Real Life : le choc de ma vie !** Deux options.

  1. Juste avant de fixer le rendez-vous tant attendu, le prétendant balance, entre la poire et le fromage : « Au fait, petit détail, je suis marié. » T'as raison, Gaston, tu as bien fait

de préciser « petit » détail. Le « petit » marié ne recherche évidemment qu'une aventure d'un soir.

2. Lors du rendez-vous tant attendu, la première chose que vous remarquez, c'est sa bague au doigt, ou pire encore, la trace de son alliance.

- **Comment réagir ?** À moins d'avoir envie de devenir la maîtresse d'un homme marié (perso, je pense toujours au film *Liaison fatale* d'Adrian Lyne avec Michael Douglas et Glenn Glose) et de vous engager pour une vie sans avenir ou pour une nuit sans lendemain, passez votre chemin !
- **À retenir pour la prochaine fois :** penser à demander clairement au prétendant s'il est marié, et bien insister : « Donc tu es libre, pas de femme dans ta vie ? » pour essayer d'éviter ou de limiter au maximum les mauvaises surprises. Méfiez-vous aussi des réponses très évasives comme : « Je suis en instance de divorce » (dans sa tête, oui !), « Nous faisons chambre à part » (on demande à voir !), « Je vis en collocation » (avec sa femme donc…), etc. De même, à l'incontournable question : « Que cherches-tu ici ? », si le mec répond : « Une belle rencontre », branchez votre décodeur. Une belle rencontre ne signifie nullement qu'il est libre, mais qu'il est « ouvert » à de nouvelles rencontres, grosse nuance ! Monsieur se laisse la possibilité de s'envoyer en l'air et éventuellement de convoler avec une autre personne en cas d'improbable belle rencontre.

« C'EST PAS POSSIBLE COMME IL EST BÊTE ! »

ELLES EN PARLENT

« J'avais tellement hâte de faire de nouvelles rencontres que dès que je voyais que ça collait à peu près, je fixais un rendez-vous. Je n'avais pas envie de perdre du temps derrière l'ordinateur. J'ai vécu un grand moment de solitude, une fois en face de lui. »
Sophie, 39 ans

- **Le love contexte :** comme on mène plusieurs discussions en même temps, on n'approfondit pas forcément. Trop pressé, notre petit cœur s'emballe vite. Trop vite.
- **In Real Life : le choc de ma vie !** Il est physiquement pas mal. À condition qu'il n'ouvre pas la bouche, parce que là, c'est un mélange du pire : un peu idiot, il enchaîne les jugements à l'emporte-pièce, il a un avis sur tout quitte à dire n'importe quoi et n'a pas ouvert un livre depuis l'école primaire. Bref, le rendez-vous déjeuner ou brunch va être long, très très long.
- **Comment réagir ?** Méditez ce dicton : « C'est une volupté de fin gourmet que de passer pour un idiot aux yeux d'un con. » En clair, n'élevez pas le débat. Ne débattez surtout pas, passez plutôt votre tour et surtout, votre chemin !
- **À retenir pour la prochaine fois :** en mode rencontres 2.0, il est primordial d'effectuer un écrémage grâce à la technique du Trivial Pursuit revisité à votre sauce. En

clair, chacun d'entre nous a des domaines de prédilection : lecture, cinéma, sport, arts... Sans forcément distribuer les camemberts de couleur à chaque love candidat, situez un peu le niveau de chacun, car même si la culture ne fait pas tout dans un couple, il y a tout de même un minimum de choses à avoir en commun.

LES SECRETS LES MIEUX GARDÉS DES MECS

« Je suis un fou de ciné. Très vite, je branche la fille sur ce domaine pour voir si on a à peu près les mêmes goûts. Franchement, si elle ne sait pas qui est Woody Allen, je sais d'avance que ça ne va pas le faire ! C'est comme en littérature, si elle ne cite que Guillaume Musso ou Marc Levy, ce n'est vraiment pas la peine que je perde mon temps et elle le sien ! » *Laurent, 44 ans*

« JE SUIS (BEAUCOUP) PLUS JEUNE QUE TOI MAIS C'EST PAS GRAVE »

ELLES EN PARLENT

« J'avais vu large dans mes critères lors de mon inscription : nombre de kilomètres illimité, âge très flexible, plus jeune, très vieux, je n'ai pas fait très attention à ces détails. Et comme j'approchais la quarantaine, il y avait écrit "cougar" sur mon front en fluo ! » *Sophie, 39 ans*

ELLES EN PARLENT

« Je me suis toujours sentie plus jeune que mon âge réel. Alors, j'étais plutôt flattée de recevoir des Charms en veux-tu en voilà sur Adopte Un Mec, de candidats beaucoup plus jeunes que moi. » ***Nathalie, 45 ans***

« Cela a fait partie de ma thérapie Tinder : j'ai eu des vieux, des mariés et des jeunes ! Et je me suis éclatée avec eux ! » ***Lucie, 30 ans***

- **Le love contexte :** bercée par les magazines people qui font leur une sur les belles cougars, on ne se rend pas bien compte que la quadra attise certains fantasmes... qui ne se terminent pas tous en happy end comme dans le film *20 ans d'écart* de David Moreau, avec Virginie Efira et Pierre Niney.
- **In Real Life : le choc de ma vie !** Charmant comme un dieu grec ou sosie d'Alain Delon à ses débuts, en pleine forme, il est jeune, très jeune. Mais bon, il vous regarde avec sa gueule d'ange et avec un sourire ravageur. J'y vais ou j'y vais pas ?
- **Comment réagir ?** Franchement, soyez honnête : en acceptant de prendre un verre ou un café avec un H-20 (comprendre Homme âgé de 20 ans de moins que vous), vous savez très bien où vous mettez les pieds... Peut-être souhaitez-vous rassurer votre ego séduction, ou alors tester dans la vraie vie la fougue ravageuse de la jeunesse au lit. À vous de voir jusqu'où vous voulez pousser le curseur maintenant !

- **À retenir pour la prochaine fois :** le petit jeune, c'est comme un GO du Club Med, à consommer sur place et pas à emporter. La seule différence ? Préférez l'inviter chez vous, dans votre confort, afin d'éviter de vous retrouver dans un appart en colocation, une chambre de bonne au 7e étage sans ascenseur ou un studio capharnaüm dans lequel vous risquez de perdre à jamais votre culotte Victoria's Secret !

« C'EST PAS LUI QUI A ÉCRIT LES MESSAGES, CE N'EST PAS POSSIBLE AUTREMENT... »

ELLES EN PARLENT

« J'ai été séduite parce qu'il m'envoyait des mots tout doux, comme des poèmes. Je trouvais qu'il était différent. Et j'avais raison ! Quand je l'ai vu, il n'a pas décroché un mot. D'une timidité maladive. Je pense qu'il utilisait ce moyen pour séduire les filles. Quelle déception ! » ***Sylvia, 42 ans***

« J'étais un peu down quand j'ai matché avec lui. Il m'envoyait de super messages qui me mettaient en joie. Drôle, attentionné, plein de finesse... J'avais l'impression que c'était le bon. Alors quand le week-end suivant, il m'a demandé de le rejoindre au Buffalo Grill en bas de chez lui, je n'ai pas rechigné une seconde. J'ai pris une baby-sitter, j'ai trouvé une voiture (je n'en ai pas), et je suis partie au fin fond de la banlieue à la rencontre de mon prince qui ne pouvait être que charmant. Le choc ! Déjà, physiquement, rien à voir avec les photos de son profil. Et niveau discussion, un zéro pointé. J'ai passé une affreuse soirée. J'ai pleuré toutes les larmes de mon corps pendant mon trajet de retour. » ***Sophie, 39 ans***

- **Le love contexte :** en manque d'affection et de mots tendres, on peut se laisser berner par le premier troubadour venu nous conter fleurette !
- **In Real Life : le choc de ma vie !** Derrière un écran, on se sent fort, drôle, presque invincible. Du coup, on se lâche... au risque de ne pas être tout à fait comme ça dans la vraie vie.
- **Comment réagir ?** Dire merci... et au revoir. Si vous avez été séduite par sa verve et son bagou par écran interposé, force est de constater que le comportement ne suit pas. On peut le dire, il s'est inventé un personnage, un peu comme un avatar, pour vous séduire et cela a marché jusqu'ici !
- **À retenir pour la prochaine fois :** se méfier des excès en tous genres – trop d'humour, trop de poésie, trop d'étalage de culture, trop de tout en excès. Prendre des rendez-vous simples et peu contraignants au niveau lieu et horaires pour une sortie facile en cas de non-match dans la vraie vie.

LE « PARFAIT » SUR ÉCRAN… MAIS MORTELLEMENT ENNUYEUX EN VRAI

ELLES EN PARLENT

« Le profil était plutôt cool. Après plusieurs soirées d'échanges par SMS, nous décidons de passer à l'étape téléphone. Son timbre de voix est agréable, son rire communicatif… Nous avons envie de nous voir ! Le premier resto se passe super bien. On discute. Il m'invite. Nous nous revoyons très vite un matin autour d'un café. Tout se passe bien. Le week-end approche, il me propose de le passer avec lui. Je saute de joie (et sur l'occasion !), ça fait tellement de temps que j'attends ça. Vendredi soir, c'est sympa. Le samedi, c'est plutôt bien. Dimanche… l'ennui commence à poindre. Je suis ravie de rentrer chez moi. La semaine qui suit, je suis clairement moins enthousiaste quand mon téléphone me signale un SMS. Le week-end d'après, c'est un "week-end avec enfants" pour moi (ouf). La semaine suivante se passe, nous nous revoyons au resto. Les sujets de discussion semblent épuisés. De "sympa", la relation est passée à "sans plus". Pour finir, il me surnomme "mon bébé" – j'ai horreur de ça. Le week-end suivant, il me propose de passer de nouveau du temps chez lui. J'y vais, mais un peu à reculons. Quelques restos et brunchs plus tard, je suis plus que ravie de rentrer à la maison, car sans trop savoir pourquoi, je m'ennuie avec lui alors que sur l'écran, tout avait l'air nickel. Nous nous sommes revus encore quelques fois jusqu'à ce que finalement, je préfère arrêter : ça ne menait à rien et surtout, je me sentais de plus en plus mal à son contact. » *Alex, 40 ans*

- **Le love contexte :** quand on veut tellement quelque chose (ici une « vraie » histoire), on est prête à tout pour y arriver. Même à se mentir ou à simplement ne pas voir l'évidence même.

- **In Real Life : le choc de ma vie !** C'est une histoire qu'on veut, et quand on l'a, on n'en voudrait plus ? Qu'est-ce qui ne tourne pas rond chez nous ? Stop ! Pas la peine de vous flageller ! Vous vouliez tellement une histoire... que vous avez voulu croire que c'était avec lui, et que la réalité vient de vous rattraper.

- **Comment réagir ?** Une fois dans le quotidien de votre non-histoire, vous vous rendez compte que ça ne le fait pas ? Pliez bagage en expliquant à votre non-amoureux qu'il n'y est pour rien.

- **À retenir pour la prochaine fois :** à vouloir se recaser à tout prix, on accepte inconsciemment de faire des compromis. Mais, comme dit l'adage populaire : « À trop chasser le naturel, il revient au galop ». Soyez honnête envers vous, et évitez d'habiller l'autre avec des qualités qu'il n'a pas.

LE TRÈS TRÈS MAUVAIS COUP (IMPOSSIBLE D'ENVISAGER DE RECOMMENCER)

ELLES EN PARLENT

« Tout allait bien entre nous... Jusqu'à ce qu'on passe aux choses vraiment sérieuses. Et là, grosse déconvenue ! Rien n'allait. Ni ses gestes, ni son odeur, ni sa façon de me faire l'amour. Le "peau à peau" ne fonctionnait tout simplement pas ! » *Julia, 34 ans*

« C'était un super beau mec. Il se la pétait même un peu. Mais bon, quand il s'est retrouvé nu comme un ver, j'ai failli rigoler tellement elle était riquiqui. Je focalisais tellement sur sa micro-taille que je n'ai pas pu lâcher prise. On ne l'a fait qu'une fois, je n'avais pas envie de renouveler l'expérience. » *Sophie, 39 ans*

- **Le love contexte :** dès le premier soir ou après quelques semaines, à un moment, on est toutes d'accord sur ça, il faut tester la marchandise dans un lit !
- **In Real Life : le choc de ma vie !** Certes, la première fois n'est pas toujours la meilleure. Mais on sent très vite si oui ou non il y a une marge de progression. Et surtout si on a envie de recommencer. Heu... si la réponse est non, dès la première fois, ce n'est vraiment pas bon signe.
- **Comment réagir ?** Pas besoin d'écrire une thèse sur cette nuit foireuse. On se rhabille et on rentre. Ou on invite Monsieur à rentrer chez lui. Il pourrait avoir la mauvaise idée de recommencer au petit matin. Les prétextes invoqués ? « Tu

sais, je commence très tôt demain matin » ; « Désolée, mais je n'ai plus l'habitude de dormir avec quelqu'un à mes côtés. »

- **À retenir pour la prochaine fois :** mieux vaut conserver un bon plan sex-friend efficace, sans se faire non plus d'illusions sur son état – un plan cul, aussi bon soit-il, ne sera jamais le nouvel homme de votre vie, sauf dans les films – en attendant de trouver la perle rare.

« JE L'AI CHOISI SANS PHOTO. JE N'AURAIS PAS DÛ. »

ELLES EN PARLENT

« Plusieurs fois, je me suis arrêtée sur des profils sans photos qui m'ont titillée. La première fois, à cause d'une œuvre d'art que j'aimais bien, la deuxième à cause d'une photo drôlissime d'un chien, la troisième à cause d'une citation à méditer. Mais je n'ai jamais reçu aucune photo des candidats. Et au final, je ne les ai jamais rencontrés ! » *Alex, 40 ans*

« Je discutais... avec une photo de chien. Au début, c'est rigolo, mais franchement, au bout de quelques échanges, c'est franchement ridicule. Surtout que de mon côté, j'avais mis pas mal de photos de moi, du coup je trouvais cela pas juste du tout ! » *Lauriane, 28 ans*

- **Le love contexte :** au début, on se dit « pourquoi pas », surtout si le descriptif du profil est plutôt drôle et intrigant. Après tout, si c'était quelqu'un de connu, ça pourrait être sympa, qui sait ?
- **In Real Life : le choc de ma vie !** En vrai, il est surtout connu par la boulangère de son quartier. Les chances qu'il soit marié avoisinent les 100 %. Pire, c'est sans doute un homme qui a juste besoin de se rassurer sur son pouvoir de séduction, mais qui ne passera pas à l'acte.
- **Comment réagir ?** Arrêter toute discussion avec la personne qui n'accepte pas les règles du jeu. Un site de rencontres, oui, c'est d'abord un choix sur physique, mais dans la vie aussi, non ? On peut ne pas être photogénique, mais en envoyant plusieurs photos, la personne en face peut au moins se faire une petite idée et qui sait, trouver charmant un physique atypique.
- **À retenir pour la prochaine fois :** on peut matcher avec quelqu'un qui n'a pas de photos de profil, mais on ne peut pas continuer à discuter avec un fantôme. Donc la règle d'or, c'est « pas de photos, pas de rendez-vous ».

« COMMENT DIRE... IL N'EST PAS TOUT SEUL DANS SA TÊTE »

ELLES EN PARLENT

« En fait, c'est une fois chez lui que je me suis sentie mal. J'ai eu peur. Parce qu'il était bizarre. C'était vraiment crado. Et je ne sais pas, j'avais l'impression que ses yeux n'étaient pas les mêmes, un peu comme s'il venait de prendre de la drogue. Je lui ai demandé où étaient les toilettes. Il m'a indiqué le lieu et il m'a dit : "Ça te dérange pas si je te regarde faire pipi ?" Ça m'a coupé net l'envie. » ***Sophie, 39 ans***

« On s'est vus une fois chez moi. Bien mais sans plus. Je ne pensais pas le revoir. Sauf que tous les soirs pendant une semaine, il m'attendait devant chez "nous", comme il disait. Il voulait à chaque fois monter. J'ai dû me faire raccompagner plusieurs fois par mon meilleur ami pour qu'il arrête de m'attendre en bas de l'immeuble. » ***Gaëlle, 36 ans***

« J'ai pris un café avec un mec une fois. Bref, ça ne le faisait pas. Mais il avait mon numéro. Il m'a envoyé pendant plus de 6 mois des poèmes super longs complètement à l'ouest, dans lesquels il parlait de lever de soleil sur mon mont de Vénus. Complètement allumé le type. » ***Alex, 40 ans***

- **Le love contexte :** tout émoustillée par notre nouvelle vie trépidante, on baisse la garde. Mais on ne devrait pas. On ne vous a jamais dit de ne pas suivre un inconnu dans la rue ?

- **In Real Life : le choc de ma vie !** On n'a rien vu venir. Il était plutôt charmant au demeurant. Et sa gueule d'ange nous a fait perdre toute notion de danger.
- **Comment réagir ?** Dégager au plus vite. Le problème, quand on est loin de chez soi, sans moyen de locomotion, c'est qu'on est souvent obligée d'attendre le premier bus du matin.
- **À retenir pour la prochaine fois :** ne plus jamais, mais alors jamais, se jeter dans une souricière pareille. Car quelques heures où l'on se sent « en danger », c'est long, très long. Pour détecter une personne fraîchement échappée de Sainte-Anne, il ne suffit pas de poser les bonnes questions. Il faut croiser et analyser les réponses sans se faire d'illusions. Le principe ? Enlever le filtre de la-femme-qui-cherche-un mâle-à-tout-prix, qui nous enlève toute forme de lucidité. Un peu comme quand on est amoureuse et qu'on ne voit aucun, mais alors aucun défaut de l'élu !

« IL N'EST PAS DU TOUT COMME JE L'IMAGINAIS »

ELLES EN PARLENT

« Avant la rencontre réelle, je l'habillais un peu : je lui mettais une veste de générosité, une chemise de bienveillance… Et au fur et à mesure que le rendez-vous approchait, je le déshabillais, je lui enlevais une chaussette, puis une autre. En fin de compte, le jour du rendez-vous, je ne connaissais pas la personne qui était devant moi. » *Ouarda, 44 ans*

- **Le love contexte :** quand l'envie de rencontrer la bonne personne qui semble nous convenir est très forte, il est tentant de prêter au candidat virtuel des qualités... tout aussi virtuelles ! Finalement, son caractère ne correspond pas du tout à nos attentes.
- **In Real Life : le choc de ma vie !** C'est l'éternel gap entre le « potentiel » prêté à une personne ou à une histoire et le principe de « réalité », source de déception et de frustration.
- **Comment réagir ?** Pourquoi ne pas laisser sa chance à cet inconnu ? Peut-être qu'il a d'autres qualités qui vont vous convenir. Si la réponse est un non catégorique, ne vous attardez pas.
- **À retenir pour la prochaine fois :** comme un détective de l'amour en recherche d'indices, appuyez-vous sur les faits, uniquement les faits. Il est « gentil » uniquement s'il se comporte comme quelqu'un de gentil. Non pas si vous l'imaginez (et le souhaitez) gentil.

« ÇA NE PASSE PAS DU TOUT PHYSIQUEMENT »

ELLES EN PARLENT

« Le beau brun ténébreux de la photo avait toutes les chances de me plaire ! Tout à fait mon style d'homme. Mais quand je l'ai vu en vrai... Rien. Pire que rien, je ressentais le contraire de l'attrait, un rejet total. Non seulement il ne me plaisait pas, mais physiquement ce n'était pas possible, je ne pouvais pas du tout imaginer qu'il me touche. » *Gaëlle, 36 ans*

- **Le love contexte :** c'est vrai que la plupart des sites s'appuient sur des critères de choix précis pour faciliter la sélection brun, blond, grand, musclé... À force d'affiner les critères ou d'être focalisée sur un détail physique, on en oublie souvent l'essentiel.
- **In Real Life : le choc de ma vie !** La bonne rencontre, c'est un ensemble de petites choses inexplicables qui font que ça colle entre deux personnes complètement imparfaites. Se focaliser sur un seul détail (les yeux verts par exemple) peut vous faire passer à côté d'hommes aux yeux bleus très bien aussi !
- **Comment réagir ?** Allez jusqu'au bout du rendez-vous et posez-vous ensuite les bonnes questions sur votre attitude et votre responsabilité dans ce foirage : rembobinez le film pour savoir à quel moment vous n'avez pas écouté votre petite voix, à quel moment vous vous êtes « emballée » trop vite.

- **À retenir pour la prochaine fois :** le point positif à conserver en tête ? Rien ne peut remplacer le « match » dans la vraie vie. La loi de l'attraction physique n'est qu'une question d'alchimie et passe par une rencontre réelle. Une belle photo d'un prétendant c'est bien, une jolie rencontre c'est mieux.

« ON Y VA TOUT DE SUITE, J'AI PAS ASSEZ DE TEMPS »

ELLES EN PARLENT

« Cela fait assez longtemps que je suis sur les sites. Maintenant, je préfère vite rencontrer la personne en vrai pour me faire une idée. Une fois, après quelques heures de tchat et un semblant de point commun sur l'histoire des religions (ma passion), j'accepte de prendre un café le lendemain. À peine arrivée, le mec me montre des clés d'un hôtel et me dit : "J'ai réservé juste à côté, comme ça, on est tranquille." Je suis partie immédiatement sans finir mon café. » *Sylvia, 42 ans*

- **Le love contexte :** parfois les hommes n'ont qu'une envie, c'est dire : « Chez toi ou chez moi ? » Mais de peur de se faire rembarrer directement, ils préfèrent adopter une technique de sioux.
- **In Real Life : le choc de ma vie !** Vous pensiez boire un café tranquillement, il vous propose une partie de jambes en l'air ; évidemment, ce n'est pas la même histoire. Dans la vraie vie aussi, on peut tomber sur des goujats en tous genres, mais sur les sites, ce qui est énervant, c'est de longuement discuter avec des gens, de se confier, de dire des choses intimes et au final, de tomber sur des assoiffés du sexe qui ne savent même pas mettre les formes.
- **Comment réagir ?** Partez et laissez-le payer l'addition, évidemment. Coupez tout contact ensuite.

- **À retenir pour la prochaine fois :** se méfier des passions communes découvertes au bout de deux ou trois échanges seulement. C'est possible, mais plutôt rare, alors essayez avant de vous emballer de poser quelques questions bien senties sur la passion en commun. Et n'oubliez pas qu'en face, l'autre peut se servir d'Internet pour trouver les réponses. Méfiance donc s'il met toujours un peu de temps à trouver la bonne réponse !

LE PLUS GROS MYTHO QUE LA TERRE AIT PORTÉ

ELLES EN PARLENT

« Je voyais bien qu'il s'inventait une vie. Il était toujours en voyage ou entre deux super contrats, peu disposé à me voir régulièrement. Quand on se voyait, il recevait des coups de fils bizarres, il sortait de la pièce comme si c'était un appel "Top secret défense". Il y avait quelque chose de pas clair dans son attitude. » *Aurélie, 34 ans*

« Il me disait être interne en médecine. Du coup, avec ses gardes et ses horaires de fou, difficile de le rencontrer. On a discuté pendant des semaines et des semaines, d'abord sur le site, ensuite sur Whatsapp. Je commençais à bien m'accrocher à lui. Je le pressais de plus en plus de me rencontrer, or il avait toujours une excuse valable et en même temps il était adorable, il m'a fait livrer des fleurs par exemple... Sauf qu'un jour, j'ai dû accompagner une amie aux urgences de son hôpital justement, et là, non seulement personne ne le connaissait, mais j'ai appris qu'il n'était même pas étudiant en médecine ! Un vrai mytho, le mec, et moi, j'étais tombée amoureuse d'un fantôme ! » *Delphine, 37 ans*

- **Le love contexte :** la rencontre a enfin lieu, et ce candidat a une vie rêvée. Poste haut placé, médecin, trader à la bourse de New York, bref, il nous en met plein la vue. Le menteur ou, plus grave, le mytho (c'est alors pathologique) s'invente une vie, soit parce qu'il mène une double ou une triple vie, soit parce que sa vie ne présente guère d'intérêt. Sa technique ? Il nous dit souvent ce qu'on a envie d'entendre, du coup, on baisse la garde.
- **In Real Life : le choc de ma vie !** Un mensonge de trop, un soupçon qui s'ajoute aux autres... En y regardant de plus près, on comprend qu'il nous a servi des milliards de gros bobards entre son futur contrat, ses déplacements, son job en or ou des plus petits comme la perte des billets du concert qu'il avait pris pour nous deux... À force d'incohérences dans son discours, dans son attitude, le VRP de l'amour est démasqué. Toutes les pièces du puzzle se mettent en place et vous comprenez que vous êtes face à un mytho avec un grand M.
- **Comment réagir ?** Laissez cette rencontre mourir de sa belle mort. Inutile de parlementer ni d'expliquer, de toute façon, il vit dans son monde. Coupez au plus vite avec lui avant qu'il ne vous embobine de nouveau avec une histoire à dormir debout.
- **À retenir pour la prochaine fois :** se féliciter d'avoir démasqué cet homme avant qu'il n'ait mis un orteil dans notre vie et causé trop de dégâts. Maintenant, offrez-vous une légère introspection : aviez-vous eu des doutes avant de le rencontrer ? Aviez-vous pressenti que quelque chose ne tournait pas rond ? Si c'est le cas, votre intuition avait vu juste, alors la prochaine fois, écoutez-vous et zappez l'étape rendez-vous !

LES SECRETS LES MIEUX GARDÉS DES MECS

« Je mens souvent pour obtenir ce que je veux et je raconte des bobards ! Face à un mytho, la technique infaillible est finalement simple : la nana m'écoute attentivement, elle pense le contraire et elle n'est pas loin de la vérité. » *Olivier, 55 ans*

« C'EST LE MÊME QUE MON EX ! »

ELLES EN PARLENT

« J'avais l'impression d'avoir choisi l'exact opposé de mon ex, mais en fait, plus nous avancions, plus je me rendais compte qu'il avait le même genre de réactions que mon ex. C'était super bizarre. J'avais quitté un jaloux pour tomber sur un possessif qui s'en cachait. Alors qu'évidemment, je ne voulais qu'une chose : éviter le profil de mon ex. » *Sophie, 39 ans*

« C'est quand l'histoire a pris fin que je me suis rendu compte des similitudes entre les deux désormais ex. Comment ? En fait, quand je réfléchissais à certaines situations, je ne savais plus avec lequel je les avais vécues, j'avais même tendance à les confondre. » *Nathalie, 46 ans*

- **Le love contexte :** méfiez-vous si vous vous inscrivez trop tôt sur un site, juste après une rupture douloureuse pour « oublier », vous aurez tendance à choisir le même genre d'oiseau rare… ou le profil totalement inversé.
- **In Real Life : le choc de ma vie !** Le même, pourquoi pas ? Au moins, vous connaissez son mode d'emploi. Mais le même en pire ? Est-ce que ça vaut vraiment le coup ?
- **Comment réagir ?** Posez-vous les bonnes questions. Avez-vous vraiment fait le deuil de votre précédente histoire ? Êtes-vous encore amoureuse de votre ex ? Avez-vous bien identifié votre aimant à emmerdes ? En cas de doute, n'hésitez pas à refaire le test (p. 90) pour éviter de retomber une énième fois sur un erzatz de votre ex – la plupart du temps en moins bien !
- **À retenir pour la prochaine fois :** méditez cet adage populaire : « On n'échange pas un âne aveugle contre un cheval borgne ». Autant retourner avec l'original si vous êtes encore *in love* !

IL VEUT FINALEMENT ÊTRE VOTRE CONFIDENT, MAIS VOTRE CONFIDENT SEULEMENT…

ELLES EN PARLENT

« J'ai matché avec Clément, légèrement plus jeune que moi. J'étais prête pour un plan cul avec lui en attendant de trouver mieux. Il a très vite recadré le débat en se plaçant comme mon nouveau confident. » ***Alex, 41 ans***

- **Le love contexte :** vous êtes là pour rencontrer votre prochain amoureux, tandis que d'autres se servent des sites ou applis pour augmenter leur propre estime. Les rencontres sur le Net qui ne passeront pas dans la phase réalité agissent dans ce cas comme de vrais boosters d'ego. Le mec se dit : « C'est bon, elle a matché, je lui plais... Mais bon, je n'ai pas forcément envie d'aller plus loin. » D'où le nombre incroyable de matches qui ne sont pas suivis de discussion ou de profils qui veulent discuter avec vous comme si vous aviez gardé les cochons ensemble.

- **In Real Life : le choc de ma vie !** Le mieux est de ne pas trop investir ce nouveau confident, et encore moins en mode chaudasse-qui-recherche-un-plan-cul.
- **Comment réagir ?** Discutez avec lui si vous en avez vraiment envie mais encore une fois, ne vous livrez pas trop, on ne sait jamais. Ce n'est clairement pas votre ami, et vous ne l'avez jamais vu ! Donc recadrez le débat et essayez de le voir pour un café pour jauger la bête.
- **À retenir pour la prochaine fois :** les sites sont de formidables moyens pour « s'ouvrir à d'autres horizons. » Un nouvel ami, pourquoi pas, après tout, il a sûrement de nombreux célibataires dans la même tranche d'âge que vous à vous présenter ! Mais au risque de me répéter, soyez prudente, ne vous dévoilez pas trop !

« J'AI PAYÉ L'ADDITION, J'AI BIEN DROIT À UNE PETITE GÂTERIE NON ? »

ELLES EN PARLENT

« C'était la deuxième fois que je le voyais. Il m'a invitée au resto. Après, il m'a demandé s'il pouvait monter chez moi. Je pensais qu'on allait s'amuser un peu tous les deux. Lui avait visiblement autre chose en tête : une petite gâterie et puis s'en va. » ***Nathalie, 46 ans***

- **Le love contexte :** ce n'était clairement pas une grosse « target » (cible) pour vous, mais comme il n'était pas désagréable, pourquoi ne pas s'offrir un peu de bon temps ?
- **In Real Life : le choc de ma vie !** Il y a les goujats et les super-goujats. Vous êtes tombée sur un champion dans la catégorie !
- **Comment réagir ?** Malheureusement, quand vous vous rendez compte de votre erreur, vous n'êtes clairement pas en position de changer la donne. Priez pour que ce désagréable moment passe le plus vite possible !
- **À retenir pour la prochaine fois :** ce n'est pas parce que Monsieur invite qu'il a tous les droits. Assurez-vous, avant de le faire monter chez vous ou de le suivre chez lui que c'est ça dont vous avez terriblement envie, là, tout de suite. Vous avez un doute ? Rentrez chez vous seule, plutôt que mal accompagnée !

MA CHARTE DE CONDUITE 2.0

10 choses à savoir pour connaître votre marge de progression

Prenez le temps de vous interroger sur votre relation : quelle est votre marge de progression : « J'y vais, j'y vais pas ? Je continue ou j'arrête ? »

1. Vous le trouvez petit : marge de progression = aucune.
2. Vous le trouvez moche : marge de progression = aucune.
3. Vous le trouvez vieux : marge de progression = aucune.
4. Vous le trouvez gros : marge de progression = faible et encore, à coups d'efforts surhumains.
5. Vous trouvez qu'il ne sent pas bon : marge de progression = faible voire nulle. Les phéronomes trahissent rarement.
6. Il a encore la marque de son alliance : marge de progression = aucune.
7. Il vous plaît vraiment : marge de progression = énorme.
8. Il ne vous plaît pas du tout : marge de progression = proche de zéro.

« Patience et longueur de temps font plus que force ni que rage », telle doit être votre nouvelle devise. Sachez que la patience est l'atout dont vous aurez le plus besoin pour rencontrer votre moitié. Comment ne pas vous laisser décourager ? Dites-vous que

1. Vous n'êtes pas si pressée que ça. Le célibat a du bon tout de même, souvenez-vous quand vous avez revu pour la centième fois Bridget Jones en vous empiffrant d'Häagen Dazs...
2. Chaque jour vous avancez, vous finirez bien par trouver ! Quand Monsieur Découragement toque à la porte de Monsieur Désespoir, dites-vous que vous n'avez jamais été aussi près du but !

Moralité : envisagez tout cela comme un jeu avec ses règles, ses joueurs et ses tricheurs. Prenez du temps pour relancer les dés, laissez le temps au temps pour réfléchir à la stratégie, rien ne presse, et surtout, zéro pression lors des « extras » ! Gérez vos rendez-vous galants comme vous l'entendez, sans vous justifier.

J'AI (ENFIN)
TROUVÉ LE BON !

COMMENT SAVOIR QUE C'EST LE BON ?

Les sites c'est comme le Loto, 100 % des gagnants ont tenté leur chance !

Si vous avez lu ce livre jusque-là, c'est que, vous aussi, vous voulez jouer et gagner le gros lot ! Vous mourez d'envie de savoir comment les autres ont fait ? Comment savoir quand c'est le bon ? Quand arrêter de papillonner ? Autant de questions qui nous trottent dans la tête quand enfin, on a rencontré quelqu'un qui sort du lot et qui nous plaît vraiment !

Dans ce chapitre, découvrez les témoignages de celles et de ceux qui ont rencontré leur moitié sur les réseaux. Tous leurs conseils mais aussi la bonne marche à suivre pour mettre toutes les chances de votre côté !

C'est le bon quand...

Alors que vous étiez presque à ramasser à la petite cuillère, limite à vouloir vous désinscrire de toutes les applis et de Facebook en même temps, bing ! C'est précisément au moment où vous ne vous y attendiez plus que l'homme avec un grand H a enfin surgi ! Sur le Net aussi, la vie est pleine de surprises ! Malgré tout, comment savoir si celui-là, c'est le bon ? C'est vrai, après tout, des nouvelles têtes, vous en avez vu plein ces derniers mois, vous avez discuté avec beaucoup de personnes parfaites sur le papier et échangé quelques fluides le samedi soir (de préférence, les week-ends sans enfants). Pourtant, là, il semble bien qu'il se passe quelque chose, il y a un je-ne-sais-quoi qui fait toute la différence...

Parfois, les choses se font tout de suite, dans les deux sens. D'autres fois, vous comme lui êtes si intimidés que vous commettez gaffe sur gaffe. D'autres fois encore, il faut savoir forcer le destin. Mais dans tous les cas, comme dans la vraie vie, on sent s'il faut s'accrocher ou pas.

LORS DES ÉCHANGES

ELLES EN PARLENT

« Avec Pascal, nous avons échangé pendant des mois et des mois. C'était interminable. Il ne voulait pas me rencontrer. Il avait peur de ne pas me plaire en vrai et donc de mettre fin à cette relation épistolaire qui égayait nos journées à tous les deux qui venions de divorcer. Mais moi, je sentais, suite à nos divers échanges, qu'il me correspondait, que c'était l'homme que je recherchais vraiment. Au bout du compte, j'ai dû lui lancer un ultimatum : "On se rencontre ou j'arrête de t'écrire." Comme il restait campé sur ses positions, j'ai arrêté de lui écrire et de répondre à ses messages. J'étais triste, mais j'ai tenu bon. Après quelques semaines de silence de ma part, il m'a enfin fixé un rendez-vous. Physiquement, je le trouvais différent de ce à quoi je m'attendais, mais encore plus beau que sur les photos ! Il n'y avait pas eu tromperie sur la marchandise ! Depuis maintenant plus de 5 ans, nous sommes ensemble. Je n'ai jamais regretté de lui avoir fixé cet ultimatum ; sinon, on serait encore derrière nos écrans. Il avait si peur que ça ne colle pas qu'il retardait le moment de la rencontre ! Heureusement que j'ai insisté : parfois, il faut savoir forcer le destin ! » ***Agnès, 52 ans***

« Quand j'ai commencé à écrire à Romuald, j'ai tout de suite vu qu'il était différent des autres. Son ton, son humour, sa façon décalée de me répondre m'ont tout de suite séduite. » ***Margaux, 30 ans***

« On a échangé sur le Net, sur un site de sorties. Musique, ciné, livres... On discutait de tout, et on s'entendait sur tout. Je suis devenue un peu accro à ses messages. Je me connectais régulièrement. Jusqu'au jour où je me suis dit : "Je crois que je suis amoureuse de lui." Nous n'avions pas échangé de photos, je ne savais pas du tout à quoi il ressemblait. Après quelques semaines, nous avons décidé de nous rencontrer. J'avais la boule au ventre en allant sur le lieu du rendez-vous. Quand je l'ai vu... Wahouuu, encore mieux que ce que j'imaginais. Du coup, j'ai flippé, je me suis dit : "Mince, et si je ne lui plais pas ?" J'étais tellement tétanisée par cette idée que je n'ai pas dit un mot pendant tout le repas, moi qui suis de nature plutôt pipelette. Et lui, qui est plutôt réservé, à l'inverse n'arrêtait pas de parler, de parler... C'était vraiment trop mignon. Quelques années plus tard, nous sommes mariés et jeunes parents. » ***Aurelia, 40 ans***

▸ Comment confirmer votre pressentiment ?

Un candidat peut se dégager du lot lors des échanges. Pour voir s'il tient la route, prolongez un peu le tchat ou switchez sur un autre canal (SMS, Messenger, Whatsapp...) pour voir si la magie continue ou pas. Au bout d'une bonne dizaine d'échanges, vous aurez ainsi une idée plus précise sur le caractère du candidat qui va nettement se profiler.

ELLES EN PARLENT

« Après quelques échanges et de nombreux appels téléphoniques, nous avons décidé de passer dans le monde réel. Il m'attendait sur le quai du métro. Dès que je l'ai vu, j'ai su que nous allions vivre une jolie histoire. On s'est embrassés comme si on était un couple qui s'était longuement manqué, c'était magique. » ***Lucie, 30 ans***

« Quand je l'ai vu arriver, la tête un peu basse, traînant le pas, j'ai senti qu'il était lassé par ce genre de rendez-vous : il ne devait pas en être à son premier, mais j'ai aussi compris qu'il avait fait le tour et qu'il était prêt à se poser un peu. J'ai sauté sur l'occasion et je l'ai attrapé au vol ! » ***Alex, 40 ans***

« Je suis allée au rendez-vous à la cool, sans même passer chez moi me changer. Des rencards Meetic, j'en avais déjà tellement fait... De toute façon, je savais très bien comment cela allait se terminer : dans son lit ou dans un taxi. Sauf que là, quand je l'ai vu, tout était différent. Je ne m'attendais tellement pas à ça que j'en ai perdu toute mon assurance. J'avais l'impression d'avoir 15 ans et de ne pas savoir comment m'y prendre ! Je me suis laissée faire et c'était magique ! » ***Sophie, 39 ans***

▶ Comment confirmer votre pressentiment ?

Quand c'est le bon, on ressent un je-ne-sais-quoi de différent et des papillons dans le ventre. On a intimement envie d'aller plus loin avec lui, on s'imagine faire plein de cochonneries tous les deux. En clair, nos sens, en particulier notre sixième sens, passent la première alors que notre corps est encore à l'arrêt.

ELLES EN PARLENT

« Quand on s'est vus la première fois, il m'a intriguée. Le rendez-vous a été super rapide. Je n'ai pas eu de ses nouvelles pendant une semaine. Quand il m'a rappelée, il m'a proposé de m'inviter dans un restaurant. Celui qui me ferait plaisir. Ça a commencé comme ça, par des attentions : mon resto préféré, mon vin préféré... Il faisait attention à moi, à mes envies, à mes besoins. Et puis surtout, lui, il n'avait pas qu'une idée en tête : me sauter à tout prix ! On a pris le temps de se connaître. Il m'a raccompagnée plusieurs fois chez moi avant qu'il ne se passe quelque chose de sérieux entre nous. Et chaque fois qu'il me quittait, je n'avais qu'une envie : le revoir, et vite ! » ***Valérie, 47 ans***

« On a passé plusieurs soirées ensemble. On commençait à former un vrai petit couple. Et puis, pour une bêtise, on s'est disputés. On ne s'est plus parlé pendant plusieurs semaines. C'est à ce moment-là que j'ai appris que j'étais enceinte. On s'est revus. Je lui ai annoncé la nouvelle la boule au ventre. Il m'a répondu : "Si tu veux de moi et du bébé, c'est d'accord." Depuis, on est toujours amoureux et on a même agrandi la famille ! » ***Margaux, 30 ans***

« On avait bien accroché quand on s'est vus. On s'est vite mis ensemble et on a vécu une petite histoire. Les vacances sont arrivées, et on s'est un peu perdus de vue. On a vécu à la Parisienne : on se plaît, on se quitte, on se retrouve. Quand on s'est retrouvés, on a repris exactement où on avait laissé notre histoire. C'était simple, fluide. Cela fait plusieurs années maintenant qu'on est vraiment ensemble. » ***Alice, 34 ans***

Une question de curseur

Parfois la mayonnaise ne prend pas tout de suite. La première impression n'est pas toujours la bonne, car c'est vrai qu'il faut un peu de temps pour reconnaître en l'autre des qualités qui finalement nous conviennent. Souvent, physiquement, au premier contact, on se dit : « ce n'est pas vraiment mon style de mec », même si on reconnaît qu'il est « pas mal quand même ». À condition de laisser une petite brèche ouverte, tout est possible. Comme nous l'avons vu précédemment, il faut parfois savoir bouger son curseur d'attente pour être surpris par la vie !

LE TEST ULTIME
VOUS ÊTES EN BONNE VOIE QUAND :

- **Après les échanges, au moment de la rencontre, tout semble évident. Vous avez l'impression de vous connaître depuis toujours, ou de vous être reconnus.**
- **Votre cœur danse la chamade quand son nom s'affiche sur votre écran de téléphone.**
- **Vous vous surprenez à dire dans une phrase « mon mec », « mon chéri ».**
- **Vous n'avez plus envie de vous connecter pour faire d'autres rencontres.**
- **Vous faites des projets, même à très court terme, comme le week-end prochain...**
- **Vous avez clairement envie de vous revoir, une fois, deux fois, plein de fois !**

LES SECRETS LES MIEUX GARDÉS DES MECS

« Les hommes ? Ce sont des livres à découvrir. Comme pour un livre, il y a plusieurs façons de rentrer dans une histoire. Parfois on lit la première page et on trouve ça bof, on met un peu de temps pour rentrer dans l'intrigue. D'autres fois, on aime prendre du temps, savourer chaque passage. Et de temps en temps, on n'y arrive pas du tout, on referme le livre au bout de quelques pages. » *Quentin, 34 ans*

ILS EN PARLENT

« J'ai matché avec Maud entre Noël et Jour de l'An. Une période pas facile quand on est fraîchement séparé. On a tout de suite accroché, beaucoup discuté, beaucoup rigolé. On habitait la même région. Quand je suis revenu après les fêtes en famille, elle m'attendait sur le quai de la gare. C'était tellement évident entre nous... que nous nous sommes embrassés directement ! Depuis, nous vivons ensemble, nous avons eu un enfant et nous nous sommes même mariés ! » ***Cédric, 42 ans***

« Des kilomètres nous séparaient. Mais en même temps, parisien depuis quelques années, j'avais envie de vivre au bord de l'eau. Quand j'ai croisé la route d'Hélène, Malouine pure souche, j'ai pris ça comme un signe. Nous avons discuté quelques mois, et un week-end, j'ai pris mon courage à deux mains et j'y suis allé. Je l'ai prévenue seulement une fois sur place. J'avais mal au ventre en l'attendant. Quand je l'ai vu apparaître, j'ai su que j'avais bien fait de m'écouter. En quelques mois, j'ai changé de vie et je ne regrette rien ! » ***Philippe, 46 ans***

LE CONSEIL DU PRO
NICOLAS DOLTEAU, COACH EN SÉDUCTION

« Tous les hommes cherchent à se recaser, mais ils ne vont jamais vous l'avouer et encore moins se l'avouer ! Apprenez à lire entre les lignes, à décoder l'homme qui n'est pas prêt à se recaser et celui qui a assez baroudé sur les sites de rencontres pour avoir de nouveau envie de se poser un peu. Ne perdez pas de vue que globalement, tout le monde veut une histoire. Mais la vraie question, c'est de savoir quand et surtout avec qui ! »

« DU COUP, J'ARRÊTE DE CHERCHER ? »

Ça, c'est une vraie question à 1 000 balles...

Vous venez de faire une rencontre sympa ? Comme on dit, laissez sa chance au produit et décrochez des sites et applis. Vous pourrez toujours y retourner si ça ne matche pas, mais pour l'instant, vivez intensément le moment présent. Prenez néanmoins le temps d'arrêter l'abonnement !

PENSE-BÊTE

Quand le site/l'appli est gratuit(e) : désactivez les notifications et autres alertes qui vont vous inciter à y retourner. Au besoin, renvoyez l'appli sur le Cloud. Vous la ferez redescendre le moment venu.

Quand le site est payant : attendez la fin de l'abonnement pour résilier. Quitte à vous réinscrire ensuite.

QUE DIRE À L'ENTOURAGE ?

Face à un couple nouvellement formé, tout le monde pose ou se pose la question suivante : « Vous vous êtes rencontrés comment ? »... Heu, que faire ? Dire la vérité ou pipeauter ? Telle est la question 2.0.

Tout dépend de votre ouverture d'esprit. Quelques couples sont « cash » et disent sans chichis où ils se sont rencontrés sans peur du qu'en-dira-t-on. Certains couples organisent même leur mariage en choisissant comme thématique du plan de table les différents sites de rencontres existants !

D'autres, qui assument moins, préfèrent inventer dans un premier temps une parade, pour éviter les questions déplaisantes du genre : « Tu étais inscrit depuis longtemps ? », « Tu as rencontré (entendez tu as couché avec) beaucoup de monde avant de trouver le bon ? ». D'où une imagination débridée pour inventer des rencontres, plus ou moins romantiques : de « On s'est rencontrés au musée Rodin » (alors que votre dernière visite culturelle remonte au temps du lycée) à « On s'est croisés à la boulangerie » en passant par un douteux « J'étais en train de commander des moules à la poissonnerie »... Bref, toutes les excuses semblent bonnes pour éviter de dire que la rencontre a eu lieu sur un site de rencontres.

Malheureusement, les barrières ne sont pas encore totalement tombées et de nombreux amoureux mentent encore sur les circonstances de leur rencontre ! Pourtant, si dans un premier temps, les circonstances de la rencontre ne sont pas dévoilées, elles finissent toujours par l'être, quelques mois ou années plus tard. Le flirt 2.0, ce n'est peut-être qu'une question de temps... et de génération quand on voit que les moins de 15 ans sont déjà inscrits sur Tinder à l'heure de leur premier baiser.

L'INFO QUI FAIT DU BIEN

50 % des utilisateurs finissent par dire à leur entourage qu'ils se sont inscrits sur un site de rencontres.

Source : « Sites de rencontres : qui les utilise en France ? » in *Pop. & Soc.*, fév. 2016.

MA CHARTE DE CONDUITE 2.0

5 derniers conseils de celles qui ont trouvé chaussure à leur pied si vous n'avez finalement pas trouvé la vôtre

Vous vous maudissez : pourquoi elles, et pas encore moi ?

Rassurez-vous, elles aussi ont galéré avant de trouver LE bon candidat ! Alors si vous ne connaissez pas encore le bonheur de vivre votre aventure à 200 %, consolez-vous fissa et laissez-vous encore un peu de temps. Remisez votre découragement et lisez ces derniers conseils pour vous aider dans votre quête du mâle... sans l'air d'y toucher !

1. DU RECUL... ET DU TEMPS, TU SAURAS PRENDRE.

Parfois, à trop vouloir quelque chose, on en oublie l'essentiel. C'est la grande différence entre avoir « besoin » d'un mec pour ne pas rester seule (= ondes négatives) et « envie » de vivre une jolie histoire (= ondes positives). Rester focalisée sur les sites avec une seule idée en tête, trouver son mec, ce n'est pas une bonne stratégie. La vie est pleine de surprises, et c'est évidemment quand on s'y attend le moins que ça arrive. Quand on sort pour s'amuser, déjà on passe une bonne soirée et ensuite, cerise sur le gâteau, on peut faire une jolie rencontre. Pour prendre ce recul essentiel sur la situation, il est important d'entreprendre un travail sur soi, sur la solitude, comment l'apprivoiser, comment ne plus en souffrir... C'est en reprenant confiance en soi, en acceptant ces moments où l'on est célibataire qu'on arrête de chercher un homme à tout prix !

2. POUR FAIRE DES RENCONTRES DE QUALITÉ, TON TEMPS TU SAURAS PATIENTER.

Sinon, c'est simple : on se contente du premier péquenot qui sonne à notre porte, on lui ouvre et nous voilà en couple. Prenez votre temps : certes, cela demande de la patience mais aussi un certain recul sur la situation. Cultivez à chaque instant votre « vue d'hélicoptère » pour analyser la situation de plus haut. C'est ce même recul qui va vous permettre de ne pas monter dans les tours, de ne pas vous emballer trop vite et de rire sous cape de certaines situations, finalement plus cocasses que dramatiques.

3. T'ÉCOUTER, TU SAURAS.

Écoutez votre petite voix intérieure, suivez votre intuition quand elle vous dit d'y aller... ou de rester sur le quai. Demandez au candidat des photos récentes, « sentez » sa voix au téléphone, flairez la bonne ou mauvaise pioche, laissez faire les choses sans vous forcer, et surtout, n'insistez pas quand ça ne le fait pas !

4. NATURELLE, TU RESTERAS.

Sur les photos, mais aussi dans la vie, présentez-vous comme vous êtes réellement. De toute façon, on ne peut pas plaire à tout le monde.

5. SURPRENDRE, TU TE LAISSERAS.

N'attendez pas tout des sites de rencontres, prenez-les juste comme un moyen de plus pour faire de nouvelles rencontres. Le secret, c'est d'être disposée à faire rentrer quelqu'un dans votre vie.

La vie est belle, même si toutes les histoires ne se terminent pas comme dans les films : à la fin, ils ne se marièrent pas forcément, ils n'eurent pas beaucoup d'enfants (parfois aucun), mais ils vécurent une jolie histoire d'amour ! C'est tout le mal qu'on vous souhaite (et quoi qu'il arrive, rappelez-vous, ça fait plein d'histoires à raconter à vos copines) !

VOUS AUSSI, VOUS VOUS ÊTES INSCRIT(E) ?

Vous avez des anecdotes à nous raconter ?
Rejoignez-nous sur la page Facebook
Cupidon Deux Point Zéro

GLOSSAIRE

Si chaque site a son propre langage, voici les mots les plus fréquents qui vont désormais faire partie de votre vocabulaire ! À force de fréquenter les sites et applis de rencontres, vous allez être bilingue !

Charme, cadeau, flash ou cœur : on envoie un charme and Co à une fiche qui nous plaît pour attirer l'attention. Attention : un charme, un cœur ou un cadeau sont des actions souvent payantes (dans les deux sens du terme !).

Chat : non, il ne s'agit pas de l'animal de compagnie ! De l'anglais « bavarder », il se prononce « Tchat » et signifie donc discuter (tchatter) – le mot a été francisé avec un t.

Crédit : monnaie virtuelle (mais néanmoins payante) qui permet de faire des actions comme d'envoyer des charmes à des candidates.

Like : signifie « aime ». Action symbolisée par un cœur pour signifier qu'on apprécie la fiche du candidat.

Matcher : non, il ne s'agit pas de jouer un match à proprement parler ! De l'anglais « to match » (correspondre, faire se correspondre), ce mot est très courant sur les sites de rencontres. Lorsqu'une affinité se crée entre deux profils, Tinder lance son célèbre « it's a match » pour célébrer cette mise en relation qui permet aux deux candidats de pouvoir correspondre. Car si l'un ne « matche » pas, impossible de rentrer en contact avec lui. Il y a donc le « match » sur Tinder et, dans le même genre, le « crush », qui signifie la même chose mais sur Happn.

Matchmaking : technique qui permet de mettre en relation deux personnes suivant leur affinité.

Sexter, sexoter : contraction de « sexe » et de « textoter ». Il s'agit donc d'envoyer des SMS chauds bouillants et donc sexuels (des sextos sont des textos classés X).

Swip : signifie « faire glisser » en anglais. À vous de faire glisser à droite ou à gauche la fiche d'un candidat si elle vous plaît... ou pas !

REMERCIEMENTS

À tous les tocards, minables, loosers, gros nazes qui ont eu la chance de croiser ma route ☺ !

Plus sérieusement, à tous ceux qui se sont prêtés au jeu, qui ont cherché des témoins, qui ont partagé leurs secrets ou qui m'ont simplement raconté leur histoire…

À tous les dîners ou déjeuners débrief de filles, grande source de rigolades et de potins. Aux Belles Copines, toujours là quand ça ne va pas, en particulier Céline, Virginie, Valérie et Séverine : on a bien ri avec toutes nos histoires de boulets en tous genres !

Merci à (par ordre de préférence… mais non !) :

Dans le clan des winneuses : Morgane, Loreleï, Stéphanie, Dorothée, Tanina, Juliette, Nancy, Valérie, Aurélia, Charlène, Margot, Alice, Sophie, Audrey, Ouarda, Gisselle, Yasmine, Rosa, Chloé… et toutes les autres. Et à mon maître Capello rien qu'à moi, Gracia.

Dans le clan des winneurs : Cyril, Cédric, Alan, Laurent, Quentin, Olivier, Romain, Pascal, Nicolas, Julien, Farid, Thierry, Guillaume… et tous les autres.

Un merci tout spécial à Montasar pour mon inscription et pour tous mes sauvetages en mode S.O.S.

Enfin, merci à Fabienne, qui a réussi à caser des déjeuners réguliers dans son agenda de ministre, et à Aline, mon éditrice, qui m'a accordé sa confiance et m'a fait bénéficier de son regard bienveillant. Sans elles, ce livre n'existerait pas.

CARNET DE BAL

Nom du candidat ______________________

Surnom ______________________

Âge ______ **Situation familiale** ______________________

ÉCHANGE SUR LE SITE

- ☐ Intéressant
- ☐ Classique
- ☐ Original

HORS SITE

- ☐ SMS
- ☐ WatsApp
- ☐ Appel

RDV 1

Lieu ______________________

Temps ______________________

Première impression

Commentaires

À revoir ☐

RDV 2

Lieu ______________________

Temps ______________________

Première impression

Commentaires

À revoir ☐

RDV 3

Lieu ______________________

Temps ______________________

Première impression

Commentaires

À revoir ☐

Nom du candidat ______________________

Surnom ______________________

Âge ______ **Situation familiale** ______________________

ÉCHANGE SUR LE SITE

- ☐ Intéressant
- ☐ Classique
- ☐ Original

HORS SITE

- ☐ SMS
- ☐ WatsApps
- ☐ Appel

RDV 1

Lieu ______________________

Temps ______________________

Première impression

Commentaires

À revoir ☐

RDV 2

Lieu ______________________

Temps ______________________

Première impression

Commentaires

À revoir ☐

RDV 3

Lieu ______________________

Temps ______________________

Première impression

Commentaires

À revoir ☐

Nom du candidat ______________________

Surnom ______________________

Âge ______ **Situation familiale** ______________________

ÉCHANGE SUR LE SITE

- ☐ Intéressant
- ☐ Classique
- ☐ Original

HORS SITE

- ☐ SMS
- ☐ WatsApp
- ☐ Appel

RDV 1	RDV 2	RDV 3
Lieu ______	Lieu ______	Lieu ______
Temps ______	Temps ______	Temps ______
Première impression	Première impression	Première impression
Commentaires	Commentaires	Commentaires
À revoir ☐	**À revoir** ☐	**À revoir** ☐

Nom du candidat ____________________

Surnom ____________________

Âge ______ **Situation familiale** ____________________

ÉCHANGE SUR LE SITE

- ☐ Intéressant
- ☐ Classique
- ☐ Original

HORS SITE

- ☐ SMS
- ☐ WatsApp
- ☐ Appel

RDV 1	RDV 2	RDV 3
Lieu ______	Lieu ______	Lieu ______
Temps ______	Temps ______	Temps ______
Première impression	Première impression	Première impression
Commentaires	Commentaires	Commentaires
À revoir ☐	**À revoir** ☐	**À revoir** ☐

Nom du candidat ______________________

Surnom ______________________

Âge ______ **Situation familiale** ______________________

ÉCHANGE SUR LE SITE

- [ ] Intéressant
- [ ] Classique
- [ ] Original

HORS SITE

- [ ] SMS
- [ ] WatsApp
- [ ] Appel

RDV 1

Lieu ______________________

Temps ______________________

Première impression

Commentaires

À revoir ou pas [ ]

RDV 1

Lieu ______________________

Temps ______________________

Première impression

Commentaires

À revoir ou pas [ ]

RDV 1

Lieu ______________________

Temps ______________________

Première impression

Commentaires

À revoir ou pas [ ]

Nom du candidat ______________________________

Surnom ______________________________

Âge ________ **Situation familiale** ______________________________

ÉCHANGE SUR LE SITE

- ☐ Intéressant
- ☐ Classique
- ☐ Original

HORS SITE

- ☐ SMS
- ☐ WatsApp
- ☐ Appel

RDV 1

Lieu ______________________________

Temps ______________________________

Première impression

____

Commentaires

____

À revoir ou pas ☐

RDV 1

Lieu ______________________________

Temps ______________________________

Première impression

____

Commentaires

____

À revoir ou pas ☐

RDV 1

Lieu ______________________________

Temps ______________________________

Première impression

____

Commentaires

____

À revoir ou pas ☐

Nom du candidat ______________________

Surnom ______________________

Âge ______ **Situation familiale** ______________________

ÉCHANGE SUR LE SITE

- ☐ Intéressant
- ☐ Classique
- ☐ Original

HORS SITE

- ☐ SMS
- ☐ WatsApp
- ☐ Appel

RDV 1	RDV 2	RDV 3
Lieu ______	Lieu ______	Lieu ______
Temps ______	Temps ______	Temps ______
Première impression	Première impression	Première impression
Commentaires	Commentaires	Commentaires
À revoir ☐	**À revoir** ☐	**À revoir** ☐

Nom du candidat ______________________

Surnom ______________________

Âge ______ **Situation familiale** ______________________

ÉCHANGE SUR LE SITE

- [ ] Intéressant
- [ ] Classique
- [ ] Original

HORS SITE

- [ ] SMS
- [ ] WatsApp
- [ ] Appel

RDV 1

Lieu ______________________

Temps ______________________

Première impression

Commentaires

À revoir [ ]

RDV 2

Lieu ______________________

Temps ______________________

Première impression

Commentaires

À revoir [ ]

RDV 3

Lieu ______________________

Temps ______________________

Première impression

Commentaires

À revoir [ ]

Nom du candidat ______________________

Surnom ______________________

Âge ______ **Situation familiale** ______________________

ÉCHANGE SUR LE SITE

- ☐ Intéressant
- ☐ Classique
- ☐ Original

HORS SITE

- ☐ SMS
- ☐ WatsApp
- ☐ Appel

RDV 1

Lieu ______________________

Temps ______________________

Première impression

Commentaires

À revoir ☐

RDV 2

Lieu ______________________

Temps ______________________

Première impression

Commentaires

À revoir ☐

RDV 3

Lieu ______________________

Temps ______________________

Première impression

Commentaires

À revoir ☐

Nom du candidat ______________________

Surnom ______________________

Âge ______ Situation familiale ______________________

ÉCHANGE SUR LE SITE

- ☐ Intéressant
- ☐ Classique
- ☐ Original

HORS SITE

- ☐ SMS
- ☐ WatsApp
- ☐ Appel

RDV 1

Lieu ______________________

Temps ______________________

Première impression

Commentaires

À revoir ☐

RDV 2

Lieu ______________________

Temps ______________________

Première impression

Commentaires

À revoir ☐

RDV 3

Lieu ______________________

Temps ______________________

Première impression

Commentaires

À revoir ☐

Nom du candidat ______________________

Surnom ______________________

Âge ______ **Situation familiale** ______________________

ÉCHANGE SUR LE SITE

- ☐ Intéressant
- ☐ Classique
- ☐ Original

HORS SITE

- ☐ SMS
- ☐ WatsApp
- ☐ Appel

RDV 1

Lieu ______________________

Temps ______________________

Première impression

Commentaires

À revoir ☐

RDV 2

Lieu ______________________

Temps ______________________

Première impression

Commentaires

À revoir ☐

RDV 3

Lieu ______________________

Temps ______________________

Première impression

Commentaires

À revoir ☐

Nom du candidat ____________________

Surnom ____________________

Âge ______ **Situation familiale** ____________________

ÉCHANGE SUR LE SITE

- ☐ Intéressant
- ☐ Classique
- ☐ Original

HORS SITE

- ☐ SMS
- ☐ WatsApp
- ☐ Appel

RDV 1

Lieu ____________________

Temps ____________________

Première impression

Commentaires

À revoir ☐

RDV 2

Lieu ____________________

Temps ____________________

Première impression

Commentaires

À revoir ☐

RDV 3

Lieu ____________________

Temps ____________________

Première impression

Commentaires

À revoir ☐

Nom du candidat ____________________

Surnom ____________________

Âge ______ **Situation familiale** ____________________

ÉCHANGE SUR LE SITE

- ☐ Intéressant
- ☐ Classique
- ☐ Original

HORS SITE

- ☐ SMS
- ☐ WatsApp
- ☐ Appel

RDV 1

Lieu ____________________

Temps ____________________

Première impression

Commentaires

À revoir ☐

RDV 2

Lieu ____________________

Temps ____________________

Première impression

Commentaires

À revoir ☐

RDV 3

Lieu ____________________

Temps ____________________

Première impression

Commentaires

À revoir ☐

Nom du candidat ______________________

Surnom ______________________

Âge ______ **Situation familiale** ______________________

ÉCHANGE SUR LE SITE

- ☐ Intéressant
- ☐ Classique
- ☐ Original

HORS SITE

- ☐ SMS
- ☐ WatsApp
- ☐ Appel

RDV 1

Lieu ______________________

Temps ______________________

Première impression

Commentaires

À revoir ☐

RDV 2

Lieu ______________________

Temps ______________________

Première impression

Commentaires

À revoir ☐

RDV 3

Lieu ______________________

Temps ______________________

Première impression

Commentaires

À revoir ☐

Jen Sincero
TU VAS TOUT DÉ-CHI-RER !
Réveillez la badass qui sommeille en vous et transformez votre vie
MARABOUT

Maïa Mazaurette
BELLE TOUTE CRUE !
Comment survivre dans le monde des obsessions beauté
MARABOUT

Sarah Knight
La magie du J'EN AI RIEN À F**TRE !
Adoptez la méthode MêmePasDésolé
MARABOUT

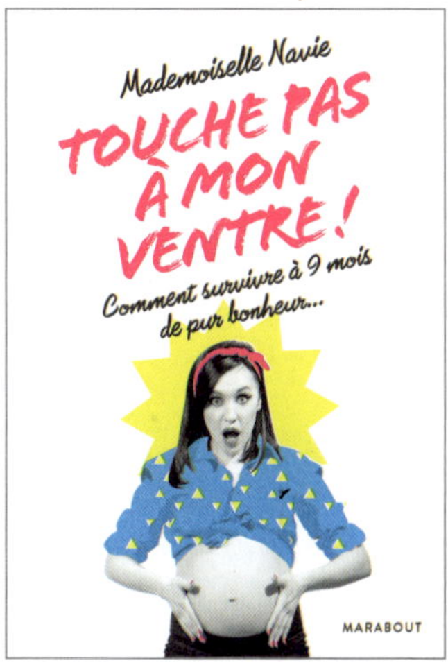
Mademoiselle Navie
TOUCHE PAS À MON VENTRE !
Comment survivre à 9 mois de pur bonheur...
MARABOUT

MARABOUT
s'engage pour l'environnement
en réduisant l'empreinte carbone
de ses livres.
Celle de cet exemplaire est de :
800 g éq. CO_2
Rendez-vous sur
www.marabout-durable.fr

PAPIER À BASE DE
FIBRES CERTIFIÉES

Imprimé en Espagne par Cayfosa
pour le compte des éditions Marabout (Hachette Livre)
58, rue Jean-Bleuzen 92178 Vanves Cedex

Achevé d'imprimer en janvier 2017
Dépôt Légal : février 2017
978-2-501-11687-9
5867314 / 01